CUENTOS DE LA MITOLOGÍA DE MASOAMÉRICA PREHISPÁNICA
AZTECAS, MAYAS Y OTROS PUEBLOS

Biblioteca Alba y Mayo / Narrativa, núm. 34

Alicia Esteban
Mercedes Aguirre

CUENTOS DE LA MITOLOGÍA DE MESOAMÉRICA PREHISPÁNICA

Aztecas, mayas y otros pueblos

Ilustraciones de
Cristina Ivkovic

Ediciones de la Torre
Madrid, 2024

Alicia Esteban Santos. *Doctora, profesora emérita de Filología Griega en la UCM. Autora de numerosos trabajos de investigación (sobre literatura griega, mitología, iconografía y Tradición clásica). Ha publicado también libros de creación literaria de tema mitológico. En Ed. Dbyana Arte: una novela (¡Ya no existe Troya!), un libro de cuentos y catorce obras teatrales. En Ed. Tilde, Superheroínas griegas. En Mito y Arte, los diversos libros ilustrados por ella misma: el libro de cuentos* Historias de amor y muerte en la mitología griega, *las novelas semigráficas* En el mundo de las hadas (El refugio de las mujeres maltratadas de la mitología), Sólo sé que no sé nada: Sócrates ante el disparatado mundo de la mitología; *así como las obras de teatro (y comentario):* En el mundo de las hadas (El refugio [...] mitología), Sólo sé que no sé nada: Sócrates [...] mitología, Se ha escrito un crimen (Hipólito, uno de los asesinatos más impactantes de la mitología griega), Clitemestra: Juicio a una mujer.

Mercedes Aguirre Castro. *Doctora, profesora honorífica de Filología Griega en la UCM. Autora de numerosos trabajos de investigación sobre mitología y literatura griegas. Autora también de libros de ficción, novelas y relatos inspirados en los mitos:* Nuestros mitos de cada día *(finalista del I Premio Literario Éride Ediciones),* El narrador de cuentos, Relatos míticos del mundo cotidiano *(edición bilingüe español-inglés),* El cuadro inacabado, Vidas, historias y cafés, Sangre de centauro, Las cabezas de la Hidra, *publicados por Éride Ediciones.*

Ambas autoras, *enamoradas de la cultura griega, intentan transmitir su experiencia a través de la docencia y de la creación literaria. Han publicado, en esta misma colección,* 10 volúmenes de *Cuentos de la mitología griega (I-X),* Cuentos de la filosofía griega, Cuentos de la magia griega, Cuentos del teatro griego, Cuentos de la mitología vasca y Cuentos de la mitología celta y Cuentos de la mitología nórdica.

©

De la obra:
Alicia Esteban Santos y Mercedes Aguirre
De las ilustraciones: Cristina Ivkovic
De esta edición: EDICIONES DE LA TORRE
Espronceda, 20 28003 Madrid
Tel.: 689 05 01 91
info@edicionesdelatorre.com
www.edicionesdelatorre.com
Primera edición: diciembre 2024
ET Index: 677AMN34
ISBN: 978-84-7960-805-7
Depósito Legal:M-23294-2024
Impreso en España / *Printed in Spain*
Gráficas Ulzama, Huarte (Navarra)

CONTENIDO

PRÓLOGO

Presentamos este nuevo libro, muy diferente, continuando nuestra colección de libros de *Cuentos de Mitología*. Tras haber dedicado ya diez libros a la mitología griega (y, por otro lado, uno más a la filosofía griega), hemos extendido nuestro campo de atención a otras civilizaciones: así, primero compusimos el libro de *Cuentos de la Mitología vasca*, después el de *Cuentos de la Mitología celta* y, muy recientemente, *Cuentos de la Mitología nórdica*. Ahora nuestro interés se ha centrado en civilizaciones muy distintas y lejanas, las de la América prehispánica, concretado en este libro en la zona de Mesoamérica.

Como en otras ocasiones, hemos novelado nuestros relatos (a veces basados en una narración escueta), añadiendo diálogos, situaciones, descripciones, ambientación y sentimientos explícitos de los personajes, aunque intentamos siempre ser lo más fieles posible al contenido mítico tradicional.

La primera parte, «En la exuberante y mágica naturaleza», se inicia con cuentos que tratan de mitos cosmogónicos, los que se refieren al origen del mundo, de los dioses y de los hombres. Los mitos de esta temática sobresalen entre los de Mesoamérica, con grandes variaciones entre los distintos grupos, pero a la vez con mucho en común (como también con los de otras civilizaciones). De esta parte el cuento «No es posible vivir en la oscuridad: los 5 soles» recrea uno de los más famosos mitos aztecas, mientras que «En busca del hombre perfecto» se basa en un mito maya contenido en el *Popol Vuh,* el importantísimo libro sagrado de los mayas.

Siguen narraciones inspiradas en leyendas que muestran el íntimo contacto del hombre con la naturaleza. Algunas que incluso explican el origen de determinadas plantas beneficiosas.

De la segunda parte «En un mundo sombrío», el cuento «Los héroes gemelos y el dios murciélago» es un relato maya tomado del *Popol Vuh,* mientras que el cuento «El Mictlán, la oscura morada de los muertos» es un relato azteca sobre el descenso del dios Quetzalcóatl al mundo de los muertos, motivo que se podría comparar con los descensos (o *katábasis*) al mundo subterráneo de otras mitologías, especialmente en la mitología griega, por ejemplo, el descenso de Heracles o de Odiseo. Otros cuentos parten de algunas ideas sobre ciertos personajes que nosotras desarrollamos con elementos de nuestra creación para hacer una historia completa, por ejemplo, el cuento «Aluxes y Chaneques, los duendes mexicanos».

Por otro lado, es un motivo reiterado en algunas de las historias de amor el de un padre o madre autoritario o el de las familias enemigas que impiden la unión de los protagonistas, con una cierta semejanza al tema de Romeo y Julieta.

Las historias que han inspirado los cuentos «La Llorona, una mujer despechada» y «La Sirena de Matlazinca», aunque basadas en creencias antiguas, han pervivido hasta hoy en la cultura popular, especialmente las relacionadas con la leyenda de La Llorona, un personaje que tiene además mucho en común con Medea, la célebre hechicera de la mitología griega.

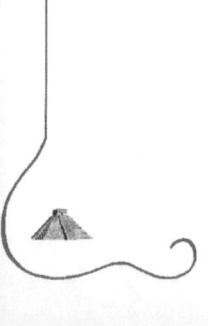

EN LA EXUBERANTE Y MÁGICA NATURALEZA
(por Alicia Esteban)

Historias de cosmogonía

No es posible vivir en la oscuridad:
Los 5 soles (mito azteca)

Antes... Antes sólo existía la divinidad. Ese ser divino se creó a sí mismo, se bastaba a sí mismo, se regeneraba a sí mismo. Él representaba y contenía todo, dotando de vida. Era la Fuerza sagrada única, una fuerza dinámica, fluida e inagotable, en constante movimiento y transformación. El universo no era sino una manifestación momentánea de él.

Se llamaba Ometeotl, «Dios Dual», porque incluía en sí el elemento femenino y el masculino. Se concibió a sí mismo para generar de él todo lo demás existente, y, desdoblado en hombre-mujer, en un irrompible abrazo perpetuo, proporcionar energía y sustento para la continuidad de la vida.

Y no sólo era dual por su doble carácter masculino-femenino, sino porque englobaba en su ser todos los contrarios en igual proporción, que no se anulaban en lucha para prevalecer uno sobre otro, no eran excluyentes, pues se complementaban: la vida y la muerte, la luz y la oscuridad, la armonía y el caos, la humedad y la sequedad... Opuestos que necesitaban mantenerse en equilibrio para que ese mundo inestable estuviera en orden.

Él presidía desde lo más alto de lo más alto, en el decimotercer cielo. Porque el universo estaba distribuido en tres partes: la tierra constituía la franja central, debajo de la cual se hallaba el inframundo (dividido a su vez en 9 niveles), y encima, el cielo, formado de 13 escalas ascendentes.

Tal dios, único y dual a la vez (y, por otro lado, múltiple, pues todas las cosas eran él), en el transcurso del tiempo engendró cuatro hijos. Estos representaban las fuerzas cósmicas: el fuego, el agua, el viento y la tierra. También se asociaban a los puntos cardinales y a los colores (negro, blanco, rojo, azul). Pero, además, poseían numerosas y diversas atribuciones en cumplimiento de sus diversas funciones. Su nombre general era los Tezcatlipoca, pero cada uno tenía, además, su denominación específica. Así, se llamaba Tezcatlipoca, en concreto, al de color negro (que regía la zona del norte), una de las divinidades principales, cuyo nombre significaba «Espejo humeante». Otro, el blanco (oeste), era Quetzalcóatl, «Serpiente emplumada», dios benéfico y civilizador, al que deben los hombres —entre otras cosas— la enseñanza de la agricultura, de las artes y de las ciencias. Por sus atribuciones positivas era en todo opuesto a Tezcatlipoca, el cual representaba fundamentalmente aspectos negativos: muerte, oscuridad, noche, violencia. Ambos —con el mayor poder— tienen un papel activo, decisivo, en el desarrollo del universo.

Sus hermanos eran el rojo (este), Xipetótec, el «Desollado», porque nació sin piel, en representación del manto de la tierra que tiene cíclicamente que renovarse, y el azul (sur), Huitzilopochli. «Colibrí zurdo», descarnado en la mitad de su cuerpo, cuya atribución esencial era la de guerrero sanguinario.

A todos ellos les encargó su padre que completaran el proceso de creación y que poblaran la tierra con hombres —animales racionales— que venerasen a sus dioses creadores, y con animales irracionales que sirvieran de sustento y de ayuda a los hombres.

El primer sol

Pero transcurrieron 600 años hasta que Tezcatlipoca, «Espejo humeante», se decidió a hacerlo. ¿Por qué tanto tiempo de inactividad? Porque, mientras, la vida había sido apacible, se había mantenido un equilibrio. En cuanto uno de los hermanos se manifestase e intentase ejercer la supremacía... ¡estallaría una bomba! En especial, entre Tezcatlipoca y Quetzalcóatl el antagonismo resultaba evidente y temible. Pero al fin Tezcatlipoca no dudó más. Él se erigió como el dios principal, y se transformó en el Sol.

Aunque, como él es el dios negro de la oscuridad, su luz era en exceso débil. De momento Quetzalcóatl contuvo su ira y sus impulsos de lanzarse contra su hermano. Quizás su intervención resultase satisfactoria; era preferible esperar a ver los resultados. Pero las cosas no iban bien en la tierra. Los humanos que se formaron bajo ese primer sol no eran aceptables: eran unos gigantes inútiles y torpes que se limitaban a comer bellotas y que, de ningún modo, tenían cerebro y sentimientos suficientes para entender que habían sido creados por los dioses, a los que debían, por tanto, agradecimiento perpetuo y reverencia. ¡Y así llevaban ya 676 ciclos de 52 años! ¿A qué esperar? No parecía que la situación fuera a mejorar nunca. Quetzalcóatl ascendió hasta la sede de Tezcatlipoca dispuesto a luchar con él. Su poder no era menor. Se enfrentarían los dos hermanos rivales, contrarios, los guerreros destinados a sostener una batalla eterna. No fue fácil: ahora parecía vencer el uno, después el otro... hasta que Quetzalcóatl, armado con su gran bastón, consiguió coger desprevenido al otro —el siempre ágil y escurridizo Tezcatlipoca— y asestarle un formidable golpe en la cabeza. Crujieron los huesos del cráneo, y el enorme alarido resonó en todo el espacio del universo mientras se desplomaba y caía, caía, caía. Fue a parar al agua, y revivió en figura de jaguar. Y, tras él, montones y montones y

montones de jaguares, que saltaron sobre la tierra hasta cubrirla entera como convertidos en su propia piel. Devoraron a todos los hombres gigantes en un santiamén, apenas sin esfuerzo, pues —al caminar estos sobre ellos— no tenían las fieras más que abrir sus enormes fauces y tragarlos. De modo que esa primera humanidad se extinguió.

El segundo sol

Victorioso y rey ahora, Quetzalcóatl se convirtió también en Sol. Y formó nuevos hombres, que se alimentaban sólo con semillas de árboles. El benevolente dios les proporcionaba buenas cosechas para que vivieran satisfechos. Y así fue durante 675 ciclos de 52 años. Hasta que... ¿Tezcatlipoca iba a soportar ser relegado eternamente? Ahora él, al igual que antes había hecho el otro, subió al cielo para culminar otra fase de su perpetuo enfrentamiento. Y esta vez venció Tezcatlipoca, produciéndose la situación contraria.

Derribó de una tremenda patada a Quetzalcóatl, que, precipitándose desde las extremas alturas, ocasionó un vendaval como jamás se habría imaginado. El descenso de este dios, que también dominaba sobre el viento, fue lento, prolongado en el tiempo. Mientras, violentísimos huracanes, continuos, arrancaban árboles y peñascos, destrozaban todo, y ya no era posible la vida en la tierra. No se escuchaba otro sonido sino el zumbido aterrador, ensordecedor: *Auuuuuu*, como aullidos mil de lobos ansiosos de desgarrar con dientes y zarpas la frágil carne del mundo. *Auuuuuuuuuuuu*. Se entrecruzaban los distintos ciclones abrazándose entre sí. Torbellinos. Remolinos. Tampoco podía verse otra cosa que el polvo ganando la batalla al aire transparente.

Los hombres fueron arrastrados, como si fueran hojas o ligeras plumas movidas por la brisa. Volaban y se esparcían acá y allá. O

eran aplastados por los árboles o por las rocas que, a modo de monstruos voraces, se abalanzaban sobre ellos. Perecieron. Sólo unos pocos lograron salvarse; pero se convirtieron en monos, porque se habían encorvado demasiado y aferrado a la tierra para resistir la fuerza del viento.

El tercer sol

Tras las malas experiencias anteriores, los demás dioses se opusieron a que los dos hermanos continuaran causando la destrucción por culpa de su rivalidad. Y, de común acuerdo, instauraron como Sol a otro dios, Tlátoc, dios de la lluvia, cuyo dominio duró 364 ciclos.

La lluvia, generalmente beneficiosa, hizo prosperar las cosechas y nutrió satisfactoriamente a los nuevos hombres que repoblaron la tierra en esta era. Pero esos hombres, acostumbrados al bienestar y al poco esfuerzo, se envanecieron demasiado de sí mismos, considerando que todo era debido a su propia valía, y que nada tenían que agradecer a los dioses ni a la naturaleza. Se fueron pervirtiendo cada vez más... Hasta que Quetzalcóatl, que tanto se preocupaba siempre de los seres humanos, no pudo soportar que ahora se adueñaran de la tierra criaturas semejantes. ¡No eran dignos de disfrutar de ese lugar maravilloso de carácter divino que al fin terminarían por corromper! Había que purificarlo. Llamó entonces al dios del fuego, Xiuhtecuhtli, y le pidió que, a la par que Tlátoc lanzaba su lluvia de agua mansa, él arrojara una potente lluvia de fuego que devorara el agua y todo lo que encontrara a su paso. No contento con ello, con las cataratas de llamas derramándose impetuosas desde el cielo, abrió la tierra aquí y allí para que brotaran desde lo más profundo de su seno las hogueras escondidas hasta entonces e insospechadas. Y así se crearon los volcanes: cientos entraron en erupción a la vez...

¡Cosa espantosa de verse! ¿Quién habría imaginado que pudiera existir aquel horror? Y después, la humareda asfixiante. Y después, las cenizas. Un manto negruzco de muerte lo cubrió todo.

Los hombres sucumbieron en medio del espanto: algunos súbitamente, otros en larga y terrible agonía. Sin embargo, unos cuantos se transformaron en aves, en su ansia desesperada de volar para huir del fuego.

El cuarto Sol

De nuevo el Universo se hallaba en tinieblas cuando las llamas se fueron consumiendo. De nuevo frío. De nuevo una tierra estéril y despoblada. ¡Urgía volver a comenzar!

Quetzalcóatl reflexionó con rapidez, antes de que se le adelantase el funesto Tezcatlipoca: ahora, tras el fuego devastador, correspondía el reinado del agua regeneradora. Pensó entonces en Chalchiuhtlicue, la diosa femenina que constituía una dualidad con

Tláloc, como la más adecuada. Ella, Chalchiuhtlicue, «la de la falda de jade», era la diosa del agua, de los lagos, los ríos, los manantiales, los mares y océanos.

Fue Sol durante 312 ciclos, y el cielo que sostenía ese sol era todo de agua: una inmensa, inmensa extensión de transparencia como cristal con reflejos azul verdoso, que era la falda de la diosa. Pero, aunque Tezcatlipoca no hubiera llegado a adelantarse, no se iba a conformar fácilmente con lo sucedido. No iba a permitir un reinado ajeno, permanente y venturoso.

Los hombres de esa era gozaban de una relativa prosperidad y tranquilidad. Se propuso corromper a Chalchiuhtlicue y sembrar en ella el espíritu de rencor y maldad. Era muy propio de Tezcatlipoca. Poco a poco ella fue transformando su corazón benévolo. Su amor hacia los hombres de la tierra bajo su imperio se vio envenenado por las calumnias que Tezcatlipoca inventaba. Se sintió despreciada por los fieles que deberían venerarla. Iba creciendo su ira... Hasta que el cristal de agua inmutable se quebró.

Una sacudida inaudita. Temblaron incluso los nueve niveles del infierno. Los dioses del inframundo, los dioses del cielo, todos se miraron entre sí aterrorizados. Los hombres, sin sospechar siquiera lo que se les vendría encima, presas de pavor se echaron a tierra y protegieron su cabeza con los brazos.

Un crujido, estruendo entre los estruendos... Y ya, abiertos los cielos, se derramaron con todo su ímpetu. Llovía, llovía.

¿Durante cuánto tiempo estuvo lloviendo sin parar? La tierra se anegó por completo. Los hombres se ahogaron todos, excepto algunos afortunados que se transformaron en peces. Al fin el cielo entero se desplomó y cayó sobre la tierra, que ya de ningún modo era tierra. ¿Se había acabado todo? ¿De nuevo como en el principio la divinidad única, dual y múltiple se replegaría y se encontraría sola consigo misma? ¿Ya no habría más división de espacios? ¿Ya no habría más contraste Dios / ser humano? ¿Ya no habría más contraste luz / oscuridad? ¿Sería en adelante una noche eterna?

Habían sido cuatro intentos, cuatro eras diferentes: cuatro diferentes soles bajo el dominio respectivo de cuatro diferentes dioses: cuatro humanidades diferentes: cuatro diferentes cataclismos que en cada era habian anquilado a la humanidad correspondiente y habían destruido la vida.

El quinto Sol

Pero Ometeotl, la divinidad única, dual y múltiple, no había desistido, y de nuevo encomendó a sus hijos y descendientes que completaran el proceso de creación.

¿Rendirse? ¿Abandonar la tarea propuesta por el hecho de que se había fracasado en cuatro intentos? ¿Qué era cuatro frente al infinito? Había que probar una y otra vez hasta que se lograra el éxito. Así resultaría más satisfactorio.

Sin embargo, parecía claro que tendrían que cambiar el procedimiento.

Los dioses se reunieron, debatieron, reflexionaron, y, tras largas horas, llegaron a la conclusión de que no debían ya intervenir los dioses primeros, dada la inevitable rivalidad y hostilidad entre Tezcatlipoca y Quetzalcóatl, que lo condicionaba y malograba al fin todo irremediablemente. Por otro lado, si hasta entonces los dioses que habían asumido la función del Sol habían alcanzado semejante gloria sin dar nada a cambio, sin esfuerzo y principalmente para su propio goce... ¿No se evidenciaba como injusto? Para recibir el mayor honor era necesario entregar a su vez lo más preciado: el sacrificio, el sacrificio de la propia vida era el único medio. Así les pareció y así lo decidieron.

En el lugar en donde se hallaban reunidos —que llamaron Teotihuacan («Lugar donde se hacen los dioses»)— prendieron una hoguera. A ella debía arrojarse un dios inmolándose para crear el nuevo sol, un sol pleno que permitiera el renacer de la vida.

Y el primero se ofreció Tecuciztecatl, un dios bello y rico, pero vanidoso, arrogante y altanero, cuya motivación para el sacrificio era más por sobresalir entre todos que por intenciones verdaderamente nobles. Y, en efecto, cuando se adelantó pudo oír un rumor de admiración que le hizo sentirse complacido. Con sonrisa orgullosa se aproximó al fuego y se dispuso a saltar. Pero... ¡ay! Ese chispear siniestro de las llamas, el calor extremo, el tremendo dolor que se presentía... No todo resultaba hermoso en el honor del sacrificio. ¿Acaso compensaba? Esos pensamientos y el miedo instintivo le hicieron detenerse antes del gran salto, y retroceder... Miró hacia los otros, y sus rostros decepcionados y sus gestos despectivos le avergonzaron. Así que reflexionó, se llenó de valor de nuevo, tomó distancia para adquirir velocidad e incluso cerró los ojos. Pero otra vez se paró en seco al percibir el fuego ya casi prendiendo en sus ropas.

La decepción de los demás no le permitiría un tercer intento fallido. Se alejó algo, pasito a pasito, con los ojos bajos y el rostro enrojecido. ¿Por el calor o por la vergüenza?

Entonces, aunque vacilante, se abrió paso entre todos otro dios, Nanahuatzin, que, en oposición a Tecuciztecatl, era pobre, feo y estaba lleno de llagas. Muy humilde y acomplejado por sus poco atrayentes cualidades, no se había atrevido a destacarse hasta que pareció evidente que el dios hermoso y magnífico en su exterior no lo era tanto en su interior.

—Alguien tiene que sacrificarse por la continuidad de la vida de todos, y yo —se mira— ¡bien poco puedo empeorar! El fuego purifica. Su fascinante resplandor algo de su brillo me cederá. Mis llagas, calcinadas, desaparecerán al fin.

Y apenas sin que los demás advirtieran su propósito, le vieron ya entre las llamas. ¡Esplendoroso! Terribles gritos de dolor, que después se convertían en euforia triunfante. Era bello ahora Nanahuatzin, ¡el más bello de los seres! Transformado en una esfera de fulgor puro, se elevó por los aires hasta alcanzar el cielo. Todos los dioses boquiabiertos, no cabían en sí de admiración. ¡El Sol! Habían logrado así crear el Sol, esencia de luz y de calor.

Ante semejante espectáculo increíble, Tecuciztecatl se sintió —por primera vez en su vida— feo, inútil y el último de los seres. Él había perdido su oportunidad de convertirse en el Sol maravilloso y de ser reverenciado por todos. Pero no, aún estaba a tiempo. ¿Cómo iba a soportar que por su cobardía reiterada le despreciaran para siempre? Aquello le dio el valor necesario, repentino. Y, sin pensarlo, se lanzó a la hoguera.

—¡Ohh! —Se oyó un grito de múltiples voces a su alrededor. Y también él, como el otro dios, se transformó en una magnífica esfera de luz, y ascendió al firmamento.

—¡Ohhh!

Pero... ¿Dos soles juntos? ¿No era demasiado? Demasiado fuego, demasiado calor, demasiada luz. Empezaron a sentir los perniciosos efectos incluso ellos, seres divinos. ¿Qué sería en-

tonces de los hombres? Habría que tomar una medida rápida, antes de que fuera irremediable. Entonces a un dios se le ocurrió coger un conejo que pasaba por allí, y, con toda su fuerza poderosísima, lanzarlo sobre el segundo sol. Con tal impacto fue como si se rompiera un inmenso espejo, y se desprendió su fulgor. Únicamente permaneció una tenue claridad blanca. Tecuciztecatl, de nuevo humillado, corrió a esconderse en el otro extremo del cielo y a refugiarse en la noche: no quería ser comparado con el bello Nanahuatzin. Para este, el único Sol, fue el reino del día, mientras que el otro, la Luna, se enseñoreó de la noche, que gracias a su leve resplandor vence la total negrura de las tinieblas.

Los demás dioses se quedaron maravillados. ¡Por fin había Sol! Ahora podría completarse la creación. Ya podría existir la vida en toda la extensión de su significado. Ya podrían ser formados hombres con todas las cualidades necesarias que les permitieran ser perdurables y no destinados a una pronta extinción. Pero (nunca falta un pero) al cabo de las horas observaron que ese Sol y esa Luna permanecían estáticos, siempre en el mismo lugar en el firmamento. Y ello influía en el resto de los seres: las plantas no crecían, las aguas no discurrían, el viento también se había detenido. Una continua luz potente, que iba resultando cegadora y ardorosa... asfixiante.

¡El movimiento! No habían pensado en el movimiento del Sol, que estaban comprobando que era indispensable. ¿Qué tendrían que hacer? Tras una honda reflexión de nuevo llegaron a la conclusión de que —si había sido preciso el sacrificio para el primer paso, la creación de un sol total y satisfactorio— también era necesario recurrir al sacrificio en el segundo paso. Otro dios, entonces, se precipitó a la hoguera.

Y, en efecto, ¡milagro!, el Sol comenzó a recorrer su ruta en el cielo...

En busca del hombre perfecto (mito maya)

Sin movimiento, sin luz, sin sonidos. Debajo del inmenso cielo sólo estaba el agua, mar en calma como un espejo. Ni viento ni olas existían aún. Sumergidas en el agua se escondían las cosas destinadas a ser en el tiempo futuro.

Entre las aguas surgieron dos dioses, ocultos bajo plumas verdes y azules que les hacía confundirse con el mar. Eran Tepeu y Gucumatz, los formadores y progenitores. Ellos eran sabios, y habían estado meditando. Esa soledad no podía ser eterna, ni ese triste e improductivo silencio, ni la inmovilidad absoluta del mundo, ni la noche en que todo estaba sumido. Hablaron entre sí, y sus pensamientos coincidían: debe ser creado el mundo, debe ser creado el hombre, debe ser creada la luz. Reflexionaban y se consultaban cómo hacerlo.

Vino entonces Corazón del cielo-Corazón de la tierra, suprema divinidad, que en sí contenía tres dioses (Caculhá Huracán, Chipi-Caculhá y Raxa-Caculhá), para asistirlos en la creación, y detrás aparecieron otros dioses. Se alegraron al verlos Tepeu y Gucumatz, y ya se dispusieron a cumplir la importante misión que se habían propuesto.

—¡Tierra! —gritaron con voz alta, que resonó impresionante en medio del abrumador silencio.

Las vibraciones del sonido se expandieron y palpitó el cielo. En cuanto al agua, por primera vez se movió. Se agitaba más y más, crispada. Se dispersaba y parecía querer luchar consigo misma, porque lo que había sido en principio una unidad se convirtió en casi infinita pluralidad. Se enfurecía y saltaba por los aires arrojando espuma. Bramaba, produciendo así un segundo tremendo nuevo sonido. Era la rabia y el lamento de las aguas chocando unas contra otras. Hasta que ya decidieron distanciarse. Se abrió el hondísimo abismo. Y Tierra, que se hallaba comprimida y refrenada bajo el peso del mar, anulada, al fin pudo ser ella misma y elevarse hacia el cielo.

Lo primero que surgió fueron las montañas; sus picos más elevados los se erigieron como los primeros visibles, rasgando la impasibilidad del cielo. Y poco a poco todo lo demás fue emergiendo.

—¡Ohhhhh! —exclamaron los dioses, todos a la vez, sin poder contener su admiración y su gozo.

Y ese fue el tercer nuevo sonido. El efecto de la satisfacción de los dioses ante su creación.

Las montañas se multiplicaron, pero, para romper la monotonía, unas eran más elevadas que otras, y entre ellas se extendían los valles. Del inmenso mar se escaparon algunas aguas, que surcaban la tierra en grandes corrientes permanentes, formando los ríos, o, menos pretensiosas, constituían arroyos y manantiales, o, llenas de impetuosidad, se precipitaban en cascadas y torrentes. El murmullo de los unos, el estrépito de los otros fueron los siguientes nuevos sonidos.

Y, una vez que existía la tierra y el agua dulce y fecundadora que corría sobre ella, la vida de los primeros seres fue posible: las laderas de los montes se cubrieron del verdor de la yerba, así como los valles, y —especialmente en las riberas de los ríos— empezaron a crecer árboles de todo tipo, de cuyas ramas pendían sabrosos frutos, según las especies.

Pero entendieron los dioses que no iban a medrar estos seres en la oscuridad; que era necesaria la luz para que pudieran beberla y nutrirse de ella, tanto como del agua. ¿Y cómo si no se iban a desarrollar sus colores y cómo iban a poder apreciarse y distinguirse? ¿La luz? Desgarraron el cielo negro. Y detrás apareció una primera claridad, el primer amanecer.

—¡Ohhhhh! —exclamaron todos los dioses de nuevo.

Y se maravillaban principalmente al percibir los colores: los variados matices de verdes de la vegetación, el azul y plata transparente de las aguas (de algunas, porque otras se mostraban verdosas). Entonces las flores, ante la luz, se atrevieron ya a brotar, multicolores y de formas diversas. ¡Y la suavidad de sus pétalos!

¿Podría existir algo más delicado al tacto? Y pronto, de ellas, además, comenzaron a desprenderse los aromas.

El viento, por otra parte, que se hallaba contenido en un rincón entre el cielo y la tierra, se excitó ante tantas estimulantes sensaciones nuevas. Rebulléndose en su estrecho recinto, lo rompió.

¡Ay, el estallido del viento! Como las aguas abajo, él arriba rugía y se arremolinaba para después dispersarse y volar caótico en todas direcciones. Al saltar sobre la tierra, la removía y alzaba espesa polvareda. De tal modo zarandeaba los árboles que algunos más endebles los quebró. ¡Pavor causaba su repentina aparición, incluso a los dioses!

—¡Ahhhhhh! —gritaron, y se taparon ojos y oídos con los brazos.

Pero después se calmó y, múltiple también él, se convirtió en brisas. Ululaba suave entre las ramas de los árboles. Mecía las hojas y producía armoniosos sonidos. Al sacudir las flores estas se conmocionaban y las más gratas fragancias emanaban de su interior.

Los dioses no cesaban de admirarse ante la belleza que habían formado. Contemplaban, escuchaban, olían, palpaban, saboreaban... Pero ¿era suficiente con eso? ¿El mundo estaba ya completo? Se miraban unos a otros con inquietud. No parecían sentirse satisfechos.

—Estas criaturas están vivas, sin duda; pero son silenciosas y casi inmóviles —dijo uno de los dioses.

—No parece que sean capaces de sentir —continuó otro.

—Ni de apreciar el mundo en que viven ni a nosotros, sus creadores —concluyó otro.

Así pues, decidieron proseguir y perfeccionar su tarea. Lo que ellos pretendían realmente, por encima de todos los demás objetivos, era que existiera un ser con la capacidad de entender la magnificencia del mundo que habían creado; que agradeciera infinitamente que se le hubiera entregado ese mundo para su disfrute, y que alabara, reverenciara y rindiera culto continuo a ellos, sus creadores.

—Hagamos a esos nuevos seres más perfeccionados, los animales, que —a diferencia de las plantas— tengan movimiento y don del habla.

Miraron hacia los bosques y entonaron su voz elevada.

—¡Habitantes y guardianes de los bosques!

Y aparecieron los lindos y tímidos ciervos y otros venados y los bulliciosos pájaros. A estos se les encomendó ubicarse en las ramas de los árboles, porque tenían alas para volar, y desde allí llenaron el aire con sus cánticos. Nuevos sonidos de deliciosa gracia. En cuanto a los venados, sin alas, se mantenían a cuatro patas, pero con ellas corrían casi a la velocidad del rayo, y podían atravesar en poco tiempo los bosques, que sentían como suyos y en los que elegían su morada en donde más les complaciera.

No tardaron en asomar a la vida otros animales menos delicados: los felinos, entre los que se encontraban el majestuoso león de dorada melena y los ágiles y bellos tigres. También los reptiles, entre los que destacaban las serpientes, que poseían un cuerpo totalmente particular: muy largo y estrecho, cilíndrico, en el que sólo se distinguía el final —la cola— en punta y su cabeza aplanada con boca grande de lengua afiladísima. A diferencia de todos los otros animales, que caminaban a cuatro patas o volaban con sus alas, carecían de extremidades y su forma de trasladarse era arrastrándose sinuosas sobre el suelo. Todos estos y otros animales diferentes, que fueron naciendo a la llamada de los dioses, buscaron sus respectivos cobijos y modos de mantenimiento.

Los dioses los observaban complacidos. ¡Eran hermosos, cada uno a su manera! Y resultaba un atrayente espectáculo verlos moviéndose con tan diferentes actitudes. Pero... faltaba algo. Necesitaban el habla para poder expresarse entre ellos y, sobre todo, para manifestarse a los dioses.

—¡Expresaos, emitid vuestras voces, cada uno según corresponda a vuestra especie.

En aquel instante unos gorjeaban, piaban y cacareaban; los otros mugían, mientras los felinos lanzaban un feroz, atronador rugido y las serpientes su silbido característico.

Los dioses escuchaban con atención y ellos, capaces de entender el significado de todas las cosas, incluso las aparentemente inertes, no percibían nada más allá de sonidos estruendosos o encantadores. Pero sin sentido. En todo caso, evidentemente, ese enjambre de griteríos no se dirigía a ellos, en honor y gloria de ellos, en gratitud a ellos, en ensalzamiento y alabanza de ellos. Los animales, unos u otros, vivían para sí y ni siquiera podían comprender qué representaban los dioses. Y estos se encolerizaron.

¿Para qué les servían entonces esos seres irracionales? Descargaron contra las inocentes criaturas el fracaso de su intento.

—Seguid existiendo, ya que os hemos otorgado la vida. Pero como sois incapaces de apreciar este don, os castigamos a que no sea apacible para ninguno de vosotros. Viviréis en el temor constante, entre la huida y el acoso. Perseguidos y perseguidores. Lucharéis unos con otros y os devoraréis entre las distintas especies para conseguir el sustento. Afilad vuestras garras, voraces felinos, y mostrad vuestros colmillos. Serpientes, recibid el veneno para que, inyectado en la sangre de la víctima con vuestra mordedura, resulte fatídico. Aves, sean vuestros picos como curvos puñales...

Un clamor se elevó en el bosque, de estrépito ensordecedor. Los dioses apartaron sus sentidos de él, para que no turbara su paz.

—Intentémoslo de nuevo. Estos son animales irracionales, sin entendimiento. Debemos crear ahora un ser con raciocinio.

—En efecto, no es posible que seamos alabados y venerados por ellos.

—Necesitamos hacer unos seres obedientes y respetuosos con nosotros.

—Si no, ¿quién nos va a glorificar como merecemos y hará que se recuerden siempre nuestros nombres?

—Unos seres para los que nosotros, sus progenitores, seamos lo principal, antes que sus propias vidas. Que nos sustenten y alimenten con constantes ofrendas.

—Sí, llamémosle hombre, el ser humano.

—Para variar, que este ande sobre dos patas solamente, las piernas, de modo que su cabeza, erguida, se alce al cielo, más cerca de nosotros.

—Y que así respire el aire más puro y se aleje de las podredumbres de la tierra.

—Y las otras dos extremidades que sean sus manos, con habilidad especial para construir, formar, hacer cosas de todo tipo.

Muy complacidos con su nueva idea, se lanzaron al acto de la creación.

—¡Hombre!

Pero esta vez buscaban algo mucho más exquisito y no parecía tan fácil e inmediato. A su simple invocación no se presentaba el hombre.

—Nuestra idea no estaba suficientemente elaborada. Necesitamos pensar de qué materia fabricarlo, puesto que es un ser nuevo y distinto, del que no hay precedente.

—¡Ya sé! De tierra y de agua, los dos elementos principales. Y pusieron manos a la obra. Con barro modelaron unos cuantos hombres.

—¡Admirable!

Y les enseñaron a moverse. Porque advirtieron que cuanto más desarrollado pretendieran que estuviese su cerebro, mayor torpeza mostraba el resto de su cuerpo. Y ya se disponían a enseñarles a hablar, objetivo primordial de los dioses. Cuando... Empezó a caer agua del cielo. Era una sutil catarata, no un torrente impetuoso. Era la lluvia: un modo de equilibrarse la propia naturaleza para que nunca faltara el agua sobre la tierra, absolutamente indispensable para la vida, tanto de plantas como de animales. El agua de las

grandes superficies se evaporaba con el sol y ascendía, formando en la región entre el cielo y la tierra las nubes. ¡Las nubes! Esas masas vaporosas extrañas y constantemente cambiantes que se asemejaban a manchas blancas pintadas en el azul... Una nueva paleta de colores que admirar en el horizonte.

Era la lluvia. Pero sucedía por primera vez. Los animales todos se agitaron. Corrían asustados sin saber qué hacer. Los que tenían sed abrieron hacia el aire sus bocas y los que tenían calor o se sentían sucios aprovecharon para refrescarse. Era agua plácida más bien, y terminaron por acostumbrarse y tranquilizarse. No parecía que fuera a hacerles ningún daño. En efecto, se llenaron las charcas que estaban casi secas, crecieron los ríos pequeños y brotaron algunos manantiales. Así la vida se les hacía más fácil.

¡Benditas gotas venidas del cielo! ¡Claro! Aún no conocían la lluvia tempestuosa, que haría desbordarse las corrientes y arrastraría y anegaría todo a su paso.

La cuestión, ahora, es que esa lluvia, aunque ligera, deshizo por completo a los hombres de barro: primero se les desdibujaron los rasgos de la cara, las formas de los dedos de manos y pies. De modo que ya no se sostenían siquiera, ni podían agarrar las cosas. La piel se les caía a tiras. Todo su cuerpo se convirtió en un amasijo, en una mezcolanza de unos órganos con otros, que ya no podrían cumplir sus respectivas funciones. Hasta que la propia masa, disgregada del todo, volvió a su ser primitivo: agua con tierra. Frustración de los entes supremos en su nuevo intento fallido.

¡Y ellos que se creían todopoderosos! Pero la tenacidad era una de sus cualidades divinas.

—¿Y si los fabricamos de madera? La madera también se deja moldear con facilidad, pero es mucho más resistente.

¡Buena idea! Se sirvieron de algunos de los cientos y cientos de árboles y tallaron varias figuras humanas. Daba resultado. Se podían mojar, se movían ¡y hablaban!

Fabricaron los creadores hombres y mujeres, y entre ellos se multiplicaron. Parecía resuelto el problema. Esperaron, porque eran pacientes. Pero esos seres humanos no daban muestras de una superioridad sobre los animales. Andaban de aquí para allá, se procuraban su sustento y su descendencia, hablaban. ¡Hablaban! En eso se distinguían de los animales. ¿Pero qué decían? Nada congruente, nada relevante. Nada que denotara el don del raciocinio. Y, por supuesto, ni la más mínima señal de reconocer y respetar a sus creadores. Vivían sólo en su propio interés y se aprovechaban de lo que habían recibido sin dar nada a cambio. Los dioses se indignaron. Ya les habían dado oportunidades. Habían aguardado a que maduraran. Pero no, es que era esa su naturaleza. ¿Para qué les servían? Había, simplemente, que exterminarlos. E intentar otro medio de fabricar unos nuevos hombres. A base de una y otra tentativa, al fin darían con la fórmula perfecta. Ni tiempo ni voluntad les faltaba.

Antes tenían que deshacerse de los anteriores. Castigarlos por su tremendo egoísmo y por su estupidez y, de paso, librarse de ellos: ¡Un estorbo!

Tramaron una lluvia violenta y continua como jamás antes, como en pocas ocasiones a lo largo de los tiempos. Diluvio lo llamaron. Miraron hacia las bellas formas blancas, esponjosas y sutiles como gasas que bailan la música del cielo; resplandeciente, porque tras ellas jugueteaban los rayos del sol. Miraron con torva faz. Todos los dioses a la vez. Y las invocaron.

—¡Nubes!

Del blanco luminoso al gris poco a poco, expandiéndose y devorando el azul. Se iban haciendo una masa cada vez más espesa, compacta casi como un sólido.

Del gris al negro.

¡Aquello no era el cielo! Ni en la noche más oscura sin estrellas. En un momento dado las nubes rompieron. Agua. Agua. Agua. Todo fue agua, casi como en el principio de los tiempos. Sólo habría

podido refugiarse en las cumbres más elevadas, pero hombres y animales no podían ascender hasta allí, arrastrados y vapuleados por las corrientes. Murieron todos los hombres, débiles al fin, excepto unos pocos que casi milagrosamente resistieron, aferrados a las alturas, y que —ellos y sus descendientes— se transformaron en monos, conservando algunas de las características humanas.

¡Y volver a empezar! No había que precipitarse, sino reflexionar detenidamente de qué tenía que estar compuesta la carne del hombre, porque parecía evidente que en ello consistía la clave. Quizás su carne debía ser de la misma sustancia que su alimento. Pensaron entonces en el maíz como el ideal. Pero escaseaba y no contaban con la cantidad necesaria.

Acudieron entonces a los dioses en función de consejeros cuatro animales: Yac (el gato de monte), Utiú (el coyote), Quel (la cotorra) y Hoh (el cuervo). Ellos sabían dónde podrían encontrar mazorcas amarillas y mazorcas blancas, en abundancia, y les indicaron el camino.

Y, en efecto, de masa de maíz formaron los creadores la carne de los hombres, y su sangre, del jugo exprimido. Modelaron cuatro, grandes y hermosos, puesto que tenían materia bastante. Y, dado que ya habían practicado con las razas anteriores, ahora, esmerándose especialmente, dibujaron con exactitud y arte sus rasgos y fueron muy meticulosos en la elaboración de cada órgano.

¡Demasiado en realidad!

¿Por qué? Resulta incomprensible. Pero... se habían excedido en perfección y por ello tampoco les satisfacían estos hombres. Cuando observaron su comportamiento y pudieron conversar con ellos (¡al fin! unos hombres con los que podían comunicarse), comprobaron una excelencia en ellos —tanto física como intelectual— que les inquietó: podían ver y oír a larguísimas distancias, incluso lo que se hallaba detrás de ellos y oculto, incluso hasta alcanzar el cielo y en todo el derredor de

la tierra, sin necesidad de moverse, y percibían las cosas grandes con la misma precisión que las pequeñas. Pero, esencialmente, comprendían todo y nada escapaba a la agudeza de su entendimiento. Nada.

Dieron gracias a los dioses, eso sí, y reconocieron cuánto les debían a ellos, sus creadores. Pero aun así los dioses seguían alarmados.

—Si estos hombres ven y saben todo, ¿en qué se diferencian de nosotros? De ningún modo se puede consentir que, si sólo son simples humanos, se igualen a los dioses que los hemos creado.

Sopló uno de los dioses entonces sobre sus ojos y otro sobre sus frentes.

Perdieron unos instantes el sentido. Cuando lo recobraron y abrieron sus ojos mortales, de pronto se habían empañado. Su mirada no llegaba más allá de unos metros y, si querían ver algo detrás de ellos, tenían que girar la cabeza. Al mirar hacia arriba, el cielo no era más que un inmenso espacio difuminado. Tenían una sensación extraña, pero tampoco lograban entender qué sucedía ni recordar lo que había sido antes. Sus mentes como sus sentidos se habían sumido para siempre en una especie de niebla.

Quizás para compensarles y también para asegurarse la continuidad de esa humanidad que ya les parecía la más idónea, moldearon con la misma masa otras cuatro figuras humanas, pero con algunas diferencias: las llamaron mujeres. Mientras dormían los hombres esa noche, colocaron una al lado de cada hombre. Despertaron. Notaron cerca de sí una suavidad, un aroma... Se volvieron. ¿Quién era ese ser? ¿Otro hombre como sus tres compañeros, a los ya conocía tan bien? No exactamente... ¡Hermosa criatura!

¿Por qué le atraía de esa manera? ¿Por qué deseaba acercarse más, tocar su piel tan sedosa? ¿Y esa boca? Aproximó la suya. ¿Y ese cuerpo redondeado? Lo rodeó con sus brazos. Lo estrechó más

y más... ¿Qué sentía? ¿Quizás los dioses se habían compadecido y otorgaban a los míseros hombres un trozo de su cielo?

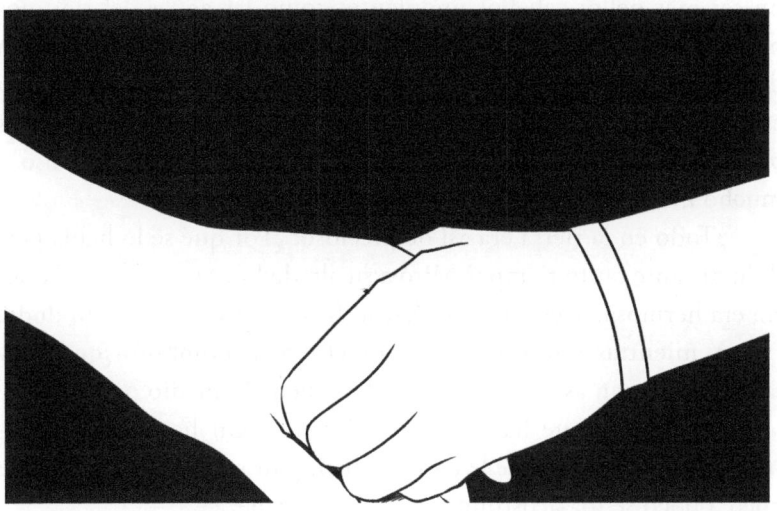

Historias de amor y naturaleza

¿Quién inventó el Amor?

Ehécatl, dios del viento, de la brisa y del aliento (una de las advocaciones o manifestaciones del gran Quetzalcóatl o serpiente emplumada) un día se enamoró. ¿Fue el primero entonces en sentir tan especial sentimiento? Quizás... O el primero en ser consciente de ello. Al fin y al cabo, estamos en la era primigenia, cuando aún no estaba consolidada del todo la creación.

La brisa que vuela suave de acá para allá, el suspiro que arranca del alma herida. Todo eso puede tener que ver con el amor...

Ehécatl vio un día a una joven. La encontró en la tierra en un momento en que a él casualmente se le antojó bajar allí. Porque él vivía en el cielo, más arriba de las nubes, y no se preocupaba

demasiado de lo que sucedía abajo, si no era para cumplir con sus funciones. Y al pisar la tierra casi tropezó con ella. No sabía si era mortal o una divinidad menor. Pero nunca había visto ni imaginado un ser más bello: cabellos ondulantes como las aguas del río, ojos negros y chispeantes como la obsidiana, de los que se desprendían de cuando en cuando ráfagas de fuego; boca como una flor, cuerpo esbelto como un junco, piel de color de miel y de la suavidad de los pétalos, etérea como las nubes en sus movimientos... Eso pensó y mucho más mientras la contemplaba.

¿Todo en la tierra era así de precioso? ¿Por qué se lo había perdido durante tanto tiempo? Miró a su alrededor. Sí, en efecto, la tierra era hermosa. Y esta muchacha, su fruto más exquisito, sin duda.

Y mientras tanto, ella (Mayáhuel era su nombre), ¿qué pensaba? Estaba tan asustada que se había quedado medio petrificada.

¿Qué es lo que había caído del cielo? ¿Un hombre? ¿Un astro? Era tan radiante que le costaba distinguir sus facciones, aunque poco a poco se iba acostumbrando. Luz y belleza...

El dios se decidió al fin a acercarse más y a hablarle. Pero entonces provocó un susto aún mayor en la joven, que echó a correr para huir. Él tenía que tomar una resolución rápida para no perderla. Sería difícil poder encontrarla de nuevo. ¡La tierra era muy grande! Por lo pronto, correr todavía más veloz que ella (¡él era el viento!). Pero, ¿después? ¿Tomarla sin más entre sus brazos y llevársela al cielo con él? ¿Contra su voluntad? No. Así no quería. Experimentaba una sensación nueva y extraña dentro de sí al pensar en ella, una necesidad, que no se iba a satisfacer con la violencia. ¿Por qué arrancar una flor para disfrutar de su perfume y su colorido si enseguida estará mustia?

Esa emoción especial, esa excitación, ese dolor-alegría, esa ansia angustiosa, esa dulce nostalgia... ¿También los demás lo sentían? ¿Existía ya antes? No le parecía que fuera así. Nunca a nadie le había oído hablar de ello. De modo que lo había inventado él entonces,

inspirado por la excelsa visión de la muchacha. ¡Tenía que transmitírselo a todos los demás! Y, naturalmente, a ella antes que a nadie. Con su plan ya trazado, se lanzó a seguirla y volvió a aterrizar frente a Mayáhuel. Esta vez no se atemorizó tanto: se había acostumbrado algo a esa actitud de él, de vertiginoso remolino. Ehécatl la miró a los ojos profundamente. Ella apenas podía soportar esa llamarada fulgurante y cerró sus párpados. Pero incluso a través de ellos se filtró la magia, la caricia, como una dulce canción que le llegó al corazón... Ehécatl se acercó más y se atrevió a abrazarla, y Mayáhuel le correspondió. Quedaron entrelazados, como dos árboles en uno. Y tal era el éxtasis delicioso en que se sentían envueltos que ya no quisieron moverse para no separarse nunca más ni un milímetro: debajo de sus pies salieron raíces, y de sus brazos como ramas y de sus cabezas brotó frondoso follaje, convertidos los dos en un solo árbol.

La planta de la alegría

Ehécatl alcanzó la felicidad en su unión con Mayáhuel. Quiso que todos los seres pudieran experimentar lo mismo que él y su mujer elegida, así que concedió a la humanidad esa maravillosa capacidad de amar y de ser amado.

Pero Ehécatl era un dios y le era posible realizar varias acciones a la vez y permanecer en distintos lugares. Una parte de él se hallaba siempre enlazado a Mayáhuel, pero otras seguían cumpliendo sus funciones divinas o inventando nuevas cosas, en especial para enriquecer o animar la vida de los hombres, que nunca resultaba satisfactoria. ¡Ay, cuántas penas tenían que padecer en su mísera existencia! Era bueno poderles compensar. Así es como, de acuerdo con Mayáhuel, para inmortalizar además su resto humano, Ehécatl enterró cerca de aquel mágico lugar de su eterno encuentro los huesos de ella, y sopló sobre la tierra su divino

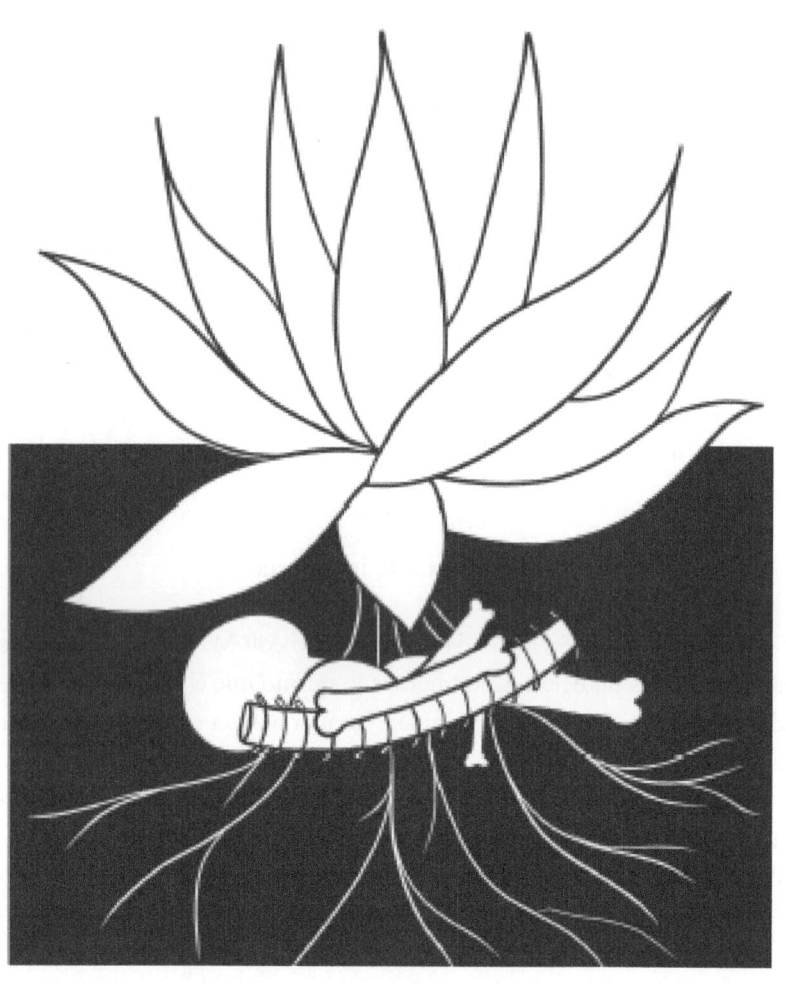

aliento. Al poco tiempo se dejó ver en la superficie un brote verde, que fue agrandándose. ¡Qué alegría sintieron los amantes! Aquel fruto al que habían dado vida ambos era verdaderamente un hijo nacido de su amor. Además, significaba un magnífico regalo para los hombres. La planta (Maguey lo llamaron) subía y subía, se ensanchaba y se ensanchaba, de manera que su anchura era casi igual a su altura, que puede llegar a alcanzar la de un hombre. Su forma recuerda a la de un cactus.

¿Y qué tenía de especial esa planta, con tantas de otros tipos que ya existían? La principal belleza y riqueza se descubre en el interior. Y Ehécatl era el único que lo sabía, puesto que él la había inventado y porque su intención era glorificar a su amada. ¿Quién podría olvidar a Mayáhuel si en su honor se había originado tal planta?

El primer maguey se multiplicó, además de que se diversificó en numerosas variedades. Con distintos colores (verdes, azulados, morados) y con atribuciones algo diferentes. En suma, sus propiedades en beneficio del hombre son muchas y extraordinarias: para su alimento, para su bebida, para la fabricación de sus casas (para sus techumbres sobre todo) o de ciertos utensilios (clavos, agujas), para los tejidos de su vestimenta, para la curación de importantes dolencias, para elaborar papel. Todo es aprovechable en el maguey, según sus distintas partes. Y, por ejemplo, de su jugo o savia, extraído de su corazón, se elabora el pulque y el tequila. ¡Ehécatl no sólo atendió al bienestar físico de los hombres, sus protegidos, sino también al anímico! Esta bebida, el pulque, procedente por fermentación del aguamiel, o savia de la planta, creaba un estado en éxtasis, eufórico, casi místico. Por ello hubo una época en que se consideró bebida sólo propia para los dioses y para los participantes en sus rituales, y estaba prohibida para el pueblo. ¡Pero no era esa la intención de Ehécatl al crearlo! Él deseaba que fuera una bebida para todos, para estimular y alegrar la vida de los hombres. Y, en efecto, sería así en los tiempos posteriores... hasta hoy mismo.

Parece magia, pero no lo es, porque a lo largo de los siglos su desarrollo sigue vivo y sin perder sus poderes. Era producto del amor, y el amor es eterno.

Unidos en la naturaleza

En el pueblo totonaca reinaba Teniztli. Este tuvo una hija de excepcional belleza, como expresaba su nombre, Tzacopontziza («Estrella de la Mañana»). Su padre constantemente la miraba, maravillado cada vez más de su hermosura, presintiendo quizás que a la larga podría ser signo de su desgracia. Se imaginaba que todos los hombres disputarían por ella y que al fin probablemente vencería el más violento... En todo caso, él no estaba dispuesto a entregársela a ninguno. Esa flor delicada...

Reflexionando llegó a la idea de que la mejor solución era no permitir que la princesa fuese conocida. De modo que cuando aún era una niña la consagró al culto de la diosa Tonacayohua, la que se ocupaba de las cosechas y de proporcionar los alimentos. Allí viviría siempre, en el templo de la diosa, que se hallaba situado en lo alto de una sierra, en un paraje bello pero solitario. ¡No resultaba muy divertido para una chica joven! Aunque no era la única, porque había otras once muchachas dedicadas al culto de la diosa como ella.

Así transcurría su existencia: tranquila, algo monótona.

No les estaba permitido a las jóvenes salir del recinto del templo, más allá del extenso y florido jardín por donde paseaban y del huerto del que recogían las verduras y frutos que necesitaban. Pero un día le faltaban a Tzacopontziza unas hierbas

aromáticas para el ritual de la diosa, y como sabía que crecían cerca de ahí, en la ladera de la montaña, se atrevió a salir. ¿Lo de las hierbas había sido sólo una excusa que se ponía a sí misma, o por si alguien se enteraba de su marcha indebida? Lo cierto es que era una sensación maravillosa de libertad. ¡Y poder correr sin freno, gritar por el monte sin que nadie la reprendiese! ¡Y el eco! Se quedó admirada, se asustó incluso...

¿Qué era aquello? A cada grito se reproducía y multiplicaba su voz. Y se expandía por los aires, fuerte, fuerte. Resultaba sobrecogedor, pero apasionante.

Se dio cuenta de que jugando había dejado pasar demasiado tiempo. Se apresuró a arrancar las hierbas y ya se marchaba. Pero... venía corriendo hacia ella un muchacho. Tzacopontziza se quedó inmóvil, incapaz de reaccionar.

—¿Te sucede algo malo? ¿Pedías socorro? Te oí a lo lejos gritar...

Tzacopontziza lo miraba muy sorprendida, aunque no exactamente atemorizada. Ella nunca había visto a un hombre joven, porque su único contacto —aparte del contacto con mujeres— había sido con su padre y con los maduros sacerdotes del templo. Algo avergonzada, respondió al fin.

—No, no. Gritaba porque... ¡Me extrañaba tanto que se repitiera mi voz! ¿Es magia?

Rio él, que se llamaba Zkatan-Oxga («Joven Venado»).

—¡Oh, no! Es el eco, un fenómeno de la naturaleza. Se produce en algunos montes, como este.

Después ya no sabían qué decirse y, callados, se contemplaban con mutuo entusiasmo. Ni uno ni otro habían visto jamás a alguien tan hermoso.

Rompió ella el silencio.

—Tengo que irme. Es muy tarde. Me echarán de menos.

—Pero, ¿volverás? ¿Volverás mañana? Te esperaré aquí...

Tzacopontziza negó con la cabeza y echó a correr.

Pero al día siguiente ahí estaban, uno y otro. Y al siguiente, y al siguiente...

¡Eran ya muchos días! Como Tzacopontziza temió desde un principio, sus continuas ausencias no podían dejar de ser advertidas en algún momento.

Aquel día ella llegaba apremiante y angustiada.

—Lo saben. Quizás me han seguido. Vengo a despedirme —eso lo dijo con voz desgarrada—. Ya no podré volver.

—¿Cómo que no podrás volver? —las palabras de Zkatan-Oxga atronaban— ¿Crees que nos va a ser posible continuar viviendo el uno sin el otro? ¿Qué sería desde ahora nuestra existencia? Además, si te han descubierto, es peligroso que regreses al templo. Te espera quizás un muy duro castigo. Tenemos que huir.

—¡Huir! ¡Huir juntos! —Primero lo decía con miedo; pero después, repitiéndoselo, sentía primero alivio y, cada vez más, un gozo infinito.

—¡Huir juntos! —reiteraban los dos a un tiempo, y se reían como dos niños pequeños—. Siempre juntos...

—Pero es muy arriesgado. ¿Te das cuenta? —dijo él—. Si nos encuentran, nos matarán sin duda, porque es un grave ultraje a la diosa.

—No me importa —replicó ella sin vacilar—. Mil veces lo prefiero antes que estar alejada de ti. Moriremos juntos.

—Moriremos juntos —repitió él con una sonrisa feliz. Unieron sus manos y, apresurados, se dirigieron hacia el camino de la libertad.

* * *

Los enamorados bien sabían que eran pocas sus probabilidades de éxito. Pero les compensaba. Ahora, cerca uno del otro y dispuestos a no

separarse nunca, experimentaban la mayor felicidad. Además, ambos eran intrépidos y, después de su mutuo sentimiento, lo que más amaban era poder vivir libres y sin coacciones e imposiciones ajenas.

Avanzaban. Pero llegó la noche y resultaba imprescindible detenerse, porque en la oscuridad era demasiado peligroso, y porque ya le fallaban por completo las fuerzas a Tzacopontziza.

Abrazados y acurrucados bajo un árbol, descansaron unas horas. Las primeras hebras de luz... ¿Fue eso o unos ruidos por el bosque lo que les despertó?

—¡Vamos! ¡Corre! Hay que continuar.

Zkatan-Oxga apremiaba a Tzacopontziza y la sostenía entre sus brazos. Pero fue por poco tiempo. Porque se aproximaban los sacerdotes del templo. Cada vez más, porque ellos eran más rápidos que la pareja extenuada. Los rodearon. Los jóvenes no ignoraban su inminente destino. Se estrecharon más y se miraron encomendando su alma el uno al otro. Casi ni sintieron los golpes de los largos cuchillos. Los degollaron y, a continuación, arrancaron sus corazones y los arrojaron al fondo de un barranco. Los sacerdotes habían cumplido su misión derramando la sangre de los «delincuentes» como sacrificio en honor de la diosa agraviada. Se alejaron tras abandonar allí los despojos.

Pasó un tiempo no muy largo. Era primavera. La hierba se hizo frondosa aquí y allá. Pero en el lugar en donde había sido el terrible suceso se alzaba, elevadísimo y fuerte, un nuevo arbusto, visible desde casi todos los puntos de la región y, por supuesto, desde el templo de la diosa Tonacayohua. Y no sólo el árbol, sino que también —y era lo que más admiración causaba— había crecido justo al lado una espléndida orquídea trepadora que se enlazaba en él, lo abrazaba y se apoyaba en sus ramas como cobijándose y a la vez protectora. Se elevaban más y más, a la par.

Tanto impresionaba el espectáculo, tan evidente parecía su significado que los sacerdotes lo interpretaron como un hecho mila-

groso: de los corazones de los jóvenes amantes se habían germinado las raíces de esas plantas —¡unidas y enredadas para siempre!— y su sangre hirviente era la savia vivificadora.

Las declararon plantas sagradas, y las gentes totonacas los veneraban. Entonces Tzacopontziza, que siempre había sido una muchacha generosa, quiso dar un regalo especial a su pueblo: hizo que de las orquídeas que constituían ahora su cuerpo brotaran frutos, que despedían un aroma penetrante. Con su jugo se daba sabor a los alimentos y bebidas, un sabor exquisito nunca antes conocido, que, además, servía de estimulante y elevaba el ánimo. Ella y su amado eran ya felices para siempre, unidos a la naturaleza. Y deseaba la misma dicha para todos a su alrededor.

El árbol del Bien y el del Mal

La bella Nicté-Ha un día conoció a dos hermanos. Ellos se enamoraron de la joven de inmediato, y desde entonces la seguían, intentaban entablar conversación con ella y darle gusto en todo. En otras circunstancias, Nicté-Ha probablemente se habría sentido molesta y algo agobiada por tantas atenciones; pero la verdad es que no, porque también a ella le atraían los muchachos. Así, a primera vista, Nicté-Ha no sabía decir quién de ellos le gustaba más. Miraba al uno, miraba al otro.

¡Eran ambos guapísimos, cada uno a su manera! Y simpáticos y llenos de gracia, y valientes. Inteligentes también parecían los dos... No se decidía. No se veía capaz de escoger a uno y renunciar al otro. Los tres al fin formaron un grupo casi indisoluble. Mientras, iba dejando pasar el tiempo. Y, a medida que este transcurría, iba conociendo a sus dos pretendientes más internamente. Advirtió que el menor, Kinich, era amable y generoso, y no sólo con ella —lo que podría achacarse a segundas intenciones— sino con todo el mundo,

y que ese era su comportamiento habitual, incluso cuando no sabía que su joven amada lo observaba. Mientras que el hermano mayor, Tizic, muy al contrario, era cruel y despótico, además de soberbio. Aunque disimulaba cuando Nicté-Ha se hallaba presente. Y así, día a día, iba distinguiendo la muchacha entre sus dos pretendientes. Hay mujeres que quizás preferirían al de corazón menos benévolo, al arrogante y seguro de sí mismo dispuesto a conseguir a toda costa lo que desea... Pero no era el caso de la bondadosa Nicté-Ha, que se iba sintiendo cada vez más cautivada por las cualidades morales de Kinich. Ya no dudaba más. Y les comunicó su elección.

Pero no se daba cuenta de que había ido alimentando la rivalidad entre los hermanos, pues en ninguno de ellos se apagaba el amor, sino que con el contacto se hacía más y más intenso. El enfrentamiento que empezó siendo medio un juego, una broma, ahora se convertía en competencia hostil, y poco a poco odio... Se refrenaban delante de ella. Pero la bomba estalló cuando conocieron sus sentimientos. Si el rechazado hubiese sido Kinich, sin duda habría reprimido su dolor y su rabia por respeto a la decisión de la mujer y porque habría sido vencido en justa batalla. Pero era Tizic el perdedor. ¡Él, él, derrotado, humillado! ¿Cómo era admisible? No lo iba a permitir, de ninguna manera, y se llevaría consigo a esa mujer quisiese ella lo que quisiese.

Tizic miró fijamente, fieramente, a Kinich. El hermano le comprendió. Se apartaron de Nicté-Ha sin explicarle nada.

¡Mala señal! Pero tampoco se podía ella imaginar que entre dos hermanos... Temía una discusión fuerte, unos golpes tal vez... Pero no era Tizic de los que hiciese las cosas a medias.

—¿Me cedes a Nicté-Ha por las buenas? —preguntó.

—¿Cedértela? ¿Es que acaso ella es un objeto? Es libre de ir con quien elija. Pero ya acabas de oírla. Me quiere a mí y no a ti.

—No lo acepto. Nicté-Ha es mía, como decidí en el momento en que la conocí. Lucharé contigo para arrebatártela ¡hasta la muerte!

Muy grande era el dolor de Kinich. Intentó hacerle razonar.

—Somos hermanos, hijos de los mismos padres. Resulta un acto salvaje, contra natura. Si así aplaco tu ira sería capaz de renunciar a su amor —se le saltaban las lágrimas al decirlo, y se le rompía el corazón—. Pero no puedo obligarla a hacer lo que no desea, ni consentiría que tú la forzases.

El otro no transigía, firme en su odio y su dominio.

—¡Hasta la muerte! —repitió, y sacó su puñal.

Kinich ya no podía hacer nada, sino sacar también el suyo. Desde lejos lo vio Nicté-Ha, que estaba pendiente, en vilo, observando las reacciones de los dos hombres. Echó a correr. Se abalanzó sobre ellos. Tizic la apartó de un empujón. Intentó otra vez separarlos, pero ya era tarde. Los dos hermanos eran absolutamente comparables tanto en su bello físico como en su talento, como en su valor y su fuerza. Sólo había disparidad respecto a sus corazones, el del uno blanco y el del otro negro.

Con igual destreza en la lucha, se hirieron a la vez: el uno atravesó el pecho del otro. En ese momento pudo aproximarse la desesperada Nicté-Ha. Se despidieron los frustrados amantes con la mirada, de ternura y tristeza infinita. Mientras, el mal hermano, el mal pretendiente, agonizaba con la rabia llameándole de los ojos.

Nicté-Ha no pudo sobrevivirles mucho tiempo. Acurrucada a su lado, se dejó morir de pena.

Fue aquella una historia tan impactante que impresionó a los propios dioses. ¿Era justo lo que les había sucedido?

Igual castigo para el bueno que para el malo, y también para la pobre muchacha enamorada. ¿Merecían terminar así?

Los dioses —como tantas otras veces— reflexionaron y dictaminaron:

A la joven la convirtieron en una flor blanca y pura que crece en el bosque para admiración de todo el que la ve. Y a los dos hermanos, condenándoles a permanecer juntos para siempre, los transformaron en

sendos árboles que se elevaban próximos entre sí, y cercanos a la flor blanca a la que tanto habían amado, para desgracia de todos.

Pero, lo más interesante, es que los dos árboles poseían propiedades contrarias y en consonancia con el carácter interno de cada uno en vida: mientras que Tizic tomó la forma del Chechén, un árbol venenoso (que quema la piel incluso sólo con tocarlo o aproximarse), Kinich creció como el árbol Chacá, cuya savia cura las dolencias que provoca el Chechén. De modo que la naturaleza, siempre sabia, buscando el equilibrio. hace nacer un chacá cerca de donde hay un chechén, para que sirva de antídoto contra sus efectos tóxicos. Al fin el Bien puede triunfar sobre el Mal.

Historia mágica del agua

El agua es mágica. ¡Siempre! El agua, fuente de la vida. El agua, cambiante, deslizándose suave o saltando y salpicando desde las altas rocas. Río, manantial, cascada, lluvia. Danzarina, cantarina. Transparente o reflejo de variados colores. ¡Agua mágica! Pero, además, en ocasiones aún más mágica, cuando se relaciona estrechamente con algunas increíbles leyendas.

Una historia de amor eterno y de unión con la naturaleza es la de Zac-Nicté y Hul-Kin.

Fue en los remotos tiempos de los mayas. Y en el entorno de un paraje extraordinario que la naturaleza había creado millones de años antes: el cenote Zaci.

Alrededor del cenote se había formado una población importante. Hul-Kin era el hijo del cacique que la gobernaba. Y Zac-Nicté era la nieta de una poderosa hechicera.

Entre esas dos familias destacadas existía desde antiguo una fuerte enemistad, surgida principalmente por la rivalidad en el deseo de control sobre las gentes del lugar.

Los padres de Zac-Nicté habían muerto siendo ella muy niña, y por eso vivía con su abuela, que la criaba como lo único y más preciado que tenía en el mundo. La protegía —quizás— en exceso y la alejaba de cualquier posible peligro. Como además habitaban en una zona algo apartada (en la misma bóveda del cenote), la chica tenía poco contacto con otras personas que no fueran los que acudían a consultar las artes de adivina y de curandera de su abuela. En especial, apenas trataba con los de su edad.

Crecía así Zac-Nicté, como una niña solitaria. Hablaba mucho con su abuela, siempre cariñosa y atenta; pero cuando desbordaba su imaginación y le intentaba contar sus sueños secretos, sus pensamientos más fantásticos, ya la abuela se perdía y desconectaba. Zac-Nicté comprendía que no podía compartir con nadie su mundo más íntimo. No se sentía desdichada, sin embargo. Se bastaba en realidad consigo misma. Se retiraba entonces a sus lugares más particulares, en rededor del cenote, que la fascinaba.

¡Cómo le atraía aquel inmenso, inmenso pozo! Casi desde que se despertaba podía mirarlo, porque el hueco impresionante se abría prácticamente al pie de su ventana. Se asomaba y abajo, en la profundidad, el agua mansa… Habría querido abrazarla, refrescarse en ella, beberla. Contemplar desde allí el agujero de cielo en lo alto. Sumergirse y pasearse por el frondoso paisaje del fondo, entre las fantasmales formas de las rocas con las plantas acuáticas enredadas sobre ellas y sobre las estalactitas que penden desde el techo. Lo imaginaba como un escenario de historias, unas románticas y otras terroríficas. Pero aquello era una caverna de paredes abruptas, a la que le resultaba imposible acceder. Se conformaba con fantasear… Después se alejaba. Corría hacia el otro lado hasta perder de vista el objeto de su admiración, de modo que pudiera más tarde volver a sentir la emoción del regreso, del reencuentro. Y cada vez se atrevía a ir un poco más allá, como huyendo…

Hasta que un día se encontró con algo desconocido. Era un muchacho de su misma edad aproximadamente. Como iba corrien-

do y mirando hacia atrás, no lo vio hasta casi tropezar con él. En parecida circunstancia se hallaba el chico. Zac-Nicté se asustó mucho, e igual él. La reacción inmediata de ambos fue escapar de ese «peligro» repentino. Pero, de nuevo a la vez, se arrepintieron, miraron hacia atrás y volvieron a aproximarse. Entonces, como dos niños que eran, se pusieron a jugar, a reír, a charlar, y parecía que se conocieran de toda la vida. Disfrutaban de la compañía desacostumbrada de ese ser afín. Transcurrieron las horas. Caía la noche y ni se daban cuenta. Pero, de pronto, unas voces apremiantes y angustiadas les sacó de su entusiasmo. La abuela de Zac-Nic-té llevaba mucho tiempo buscándola. La joven le respondió y en seguida apareció la anciana corriendo, llorosa. Otras voces procedentes del lado opuesto se sumaron entonces. Eran del padre del muchacho.

Y allí estaban juntos, de pronto, los cuatro. Se miraron los dos adultos. La furia y el odio chispeaban en sus ojos.

—¿Qué haces tú aquí? ¿Por qué estás hablando con mi hijo? —dijo el uno.

—¿Cómo te atreves a presentarte en mis tierras? ¿Y quién es ese chico que se acerca a mi nieta? —gruñó la otra.

A continuación, regañaron a los niños. Con brusquedad agarró cada uno al suyo de la mano y se lo llevó casi arrastrándolo. Ellos se despidieron mirándose entre lágrimas. ¡No comprendían nada!

La abuela reprendió a Zac-Nicté severamente y le prohibió incluso con amenazas volver a ver a ese «hijo de malos padres». Semejante fue la actitud del padre de Hul-Kin.

Y desde aquel día los pensamientos, las fantasías y los sueños de Zac-Nicté tomaron otro rumbo:

—Hul-Kin —susurraba ella en voz baja. Y le invocaba, aunque no se atrevía a desobedecer a su abuela y a escaparse hacia el lugar prohibido y anhelado.

Pasaron unos pocos años.

¿Otra vez un sentimiento simultaneo volvió a unirlos? ¿Coincidieron casualmente en aquel mismo lugar al mismo tiempo? Sí, pero... lo cierto es que Zac-Nicté contribuyó en gran parte a que eso pudiera suceder. Ella regresó muchas veces. Aunque su abuela la vigilaba, en cuanto se ausentaba aprovechaba la ocasión. El lugar vacío... Su decepción, siempre, era inmensa. Ahora verdaderamente sentía la soledad; no se conformaba ya con sus propias ensoñaciones imaginarias, sino que sus pensamientos se basaban en una realidad concreta. Pero no desistía. Le decía el corazón que Hul-Kin no podría haberla olvidado. Era cuestión de paciencia y de constancia. Algún día... Y así fue.

Hul-Kin había sido también un niño solitario. ¡Era el hijo del cacique! Hijo único sin hermanos. Él no podía tener contacto estrecho con chicos de baja alcurnia. Su padre, altanero y despótico, no lo consentía. Le educaba para que le sucediera en su cargo de gobernante y mantuviera con firmeza el poder.

Se refugiaba el chico, al igual que Zac-Nicté, en sus propios pensamientos y fantasías. Le gustaba pasear y alejarse hacia zonas «inexploradas», acá y allá. Así, aquel día.

Su padre se encolerizó mucho. Nunca le había visto HulKin tan alterado. Le prohibió volver a tratar con esa «hija de malos padres». ¡Con ella menos que con nadie! Ni pensar en ella siquiera. ¿Le controlaba incluso en quién pensar? Era tan autoritario que desde que nació el hijo le imponía sus deseos y le coartaba su voluntad. Pánico sentía el chico, quedaba paralizado y se dejaba guiar como un ciego por su lazarillo. Aun así, aquella vez tuvo un impulso de rebelarse (un tímido impulso). Pero el cacique, como no se fiaba, puso guardias cerca del lugar «fatídico», para evitar que se aproximase.

Ya había transcurrido mucho tiempo, Hul-Kin era un adolescente, casi un hombre, y el padre había aflojado la vigilancia creyendo que su hijo se habría olvidado por completo de aquel incidente. Pero no. Un día se armó de valor y fue. Se encontró el paraje vacío.

Invadió su alma esa misma sensación de ella tantas veces. Aguardó impaciente. Marchó decepcionado. ¡No volvería a intentarlo más! Pero, precisamente, al otro día, le urgió la necesidad imperiosa de probar de nuevo y experimentar esa emoción única de la espera, entre la esperanza y la desesperación. Y... ¡Allí estaba ella! ¡Allí estaba él! Pero apenas se reconocían. Ya no eran aquellos niños que pensaban encontrar. Se habían convertido en dos adolescentes: en un hombre y una mujer.

—¿Eres tú, Zac-Nicté?

—¿Eres tú, Hul-Kin?

Se tomaron las manos. Se fueron aproximando tímidamente hasta abrazarse. Un abrazo cada vez más estrecho, más estrecho. Se sorbían los ojos, se bebían las bocas. ¡Qué distintos juegos a aquellos de cuando eran niños! ¡Qué distintas palabras! Murmullos y susurros en vez de risas. Pero igualmente devoraban el tiempo. Sin embargo, ya maduros, tenían mayor conciencia del peligro, y no apuraron hasta el límite.

—Mañana.

—Mañana.

Y allí de nuevo se encontraron en un mañana que temían tan fugaz.

Les costaba separarse aún más que el día anterior. Muy serio, habló Hul-Kin:

—Zac-Nicté, he estado reflexionando. No nos es posible seguir así. Vernos a escondidas, como dos criminales. Con miedo, sintiéndonos culpables: ¿culpables de qué?

—¿De qué, Hul-Kin, de qué? ¿De querernos? ¡Es tan injusto! —dijo Zac-Nicté.

—Ya no somos unos niños. Ya no pueden los otros imponernos su voluntad. He decidido hablar con mi padre y contárselo todo.

—¿Pero qué dices, Hul-Kin? Volverán a separarnos. —Zac-Nicté estaba horrorizada—. Seré firme y tajante con él. Ahora soy un

hombre y tengo derecho a elegir el camino de mi vida. Le diré que quiero casarme contigo. Tú serás la mejor esposa para mí, compañera y madre de mis hijos.

Con qué emoción y alegría le abrazó ella.

—¡Juntos! Siempre juntos.

La despedida hoy no fue tan desgarradora; aunque… el temor, a poder quebrar el frágil cristal de la felicidad era mayor que nunca.

Se armó Hul-Kin de valor y, en efecto, habló con su padre. Éste se quedó atonito. Le cambió el color y en un primer momento pareció a punto de estallar de ira. Pero logró contenerse. Miró a su hijo. No le reconocía. ¡Qué entereza y coraje mostraba! Verdaderamente se había hecho ya un hombre. Enfadarse, contradecirle, prohibirle y darle órdenes como a un chiquillo. ¿O sería contraproducente? ¿No resultaría más útil aparentar complacerle y guiarle astutamente hacia el camino opuesto?

—Me admira tu arrojo, Hul-Kin. Compruebo que te has convertido en un hombre. ¿Cómo puedo torcer tu voluntad? Pero, hijo mío, te pido que antes cumplas con tus obligaciones como futuro gobernante. Debes realizar una importante misión como embajador en un territorio aliado.

El joven no podía negarse. Con gran pena pero también esperanza se despidieron los amantes. Al partir, él le invadió a Zac-Nicté una honda amargura, porque tenía un mal presentimiento.

El cacique había tendido una sutil trampa a su hijo. La tierra adonde le había enviado era lejana, y las tareas encomendadas necesitaban un largo tiempo para llevarse a cabo. Pero eso no era lo peor, sino que la hija de ese gobernante aliado era una muchacha excepcionalmente seductora que había sido destinada a él ya desde su tierna infancia. Los padres habían sellado su alianza con ese pacto de matrimonio. Hul-Kin no sabía nada de eso, pero ella sí. Y estaba muy contenta por su unión con aquel joven poderoso y guapo. Desde el mismo momento en que llegó comenzó a echarle sus redes.

Hul-Kin al principio ni la miró, lleno su corazón como estaba con el recuerdo de Zac-Nicté. Pero el tiempo... el tiempo poquito a poco va arañando, socavando... Los encantos de su supuesta prometida empezaron a atraer su atención. Veía ya tan distantes los momentos de su unión dichosa con Zac-Nicté, y tan distante aún su regreso. Sus sentimientos no eran tan sólidos como habría parecido.

Zac-Nicté, mientras, aguardaba. Pero el tiempo, también para ella, poquito a poco iba arañando, socavando... no su amor, pero sí su ánimo y su confianza. Su abuela, a quien contó todos los sucesos y en quien descargó sus penas, comprensiva, la consolaba en lo que era posible y le hizo al fin un juramento: si no regresaba el muchacho por los medios naturales, ella le haría volver por el arte de sus hechizos. Eso no satisfacía a la nieta, pero esta tampoco tenía energías para oponerse. Su soledad y necesidad del amado eran insoportables, y sólo pensar en verle de nuevo, fuese como fuese, la confortaba.

Un día llegó a la población una noticia. ¡La más terrible noticia para Zac-Nicté! Hul-Kin se iba a casar en aquella tierra lejana.

Hul-Kin ya no la quería. Hul-Kin jamás iba a regresar para cumplir sus dulces promesas. Hul-Kin...

¿Por qué no podía ella retroceder a aquel estado de su infancia, antes de conocerle? Cuando su mundo lo llenaban los sueños ilusorios surgidos de la belleza casi mágica de su entorno. Cuando le bastaba con lo que tenía ante sí. La atracción irresistible del agua profunda, verde, azul, negra a veces. Su fantasía de penetrar en ella y traspasarla. Quizás en su más allá podría encontrar el sentido del sinsentido de la vida.

No lo pensó más y se lanzó abajo.

Hul-Kin despertó de pronto. En su sueño había retumbado el golpe de un cuerpo cayendo en el agua. En su sueño se había dibujado aquel paraje querido del pasado. Y también despertó del sueño del encantamiento del presente: ¿Qué hacía allí lejos? ¿Qué

le retenía? ¿Qué espantoso error estaba cometiendo? ¿No se había jurado que nada se impondría a su propia voluntad?

Precipitadamente, como huyendo, emprendió el camino a casa, el camino correcto. Fue directo en busca de Zac-Nicté. La llamó ansioso, apremiante, repetidamente.

Al fin, a sus voces, acudió la abuela, una figura cadavérica, irreconocible.

—¿Dónde está Zac-Nicté?

La anciana le miró con aquellos ojos escondidos tras los surcos del dolor.

—He cumplido mi promesa. Te he hecho regresar, Hul-Kin.

—¿Dónde está Zac-Nicté?

Le condujo hacia el cenote y señaló abajo. Él comprendió. Apenas sin vacilar, se precipitó. La abuela, como un autómata, repetía:

—He cumplido mi promesa, hija. He hecho regresar a Hul-Kin.

Hul-Kin, mientras, se reunía al fin con el alma enamorada que durante tanto tiempo le había estado esperando y llamando. Alma de agua con alma de agua.

EN UN MUNDO SOMBRÍO
(por Mercedes Aguirre)

Historias del más allá

El Mictlán, la oscura morada de los muertos

Ya le faltaba poco para llegar a su destino. El camino había sido largo, tan largo... Incluso para un dios era una tarea difícil, casi inalcanzable.

Quetzalcóatl, el dios que era conocido también como «La Serpiente Emplumada», uno de los hijos de Ometeotl y el que había colaborado con su hermano Tezcatlipoca en la creación del Cielo y la Tierra, se dirigía al Mictlán, el mundo subterráneo de los muertos. La razón para tan extraordinario viaje era asimismo extraordinaria: quería recuperar los huesos de los seres humanos que habían vivido en el pasado, los últimos de una serie de razas humanas —cuatro en total— que habían ido poblando el mundo a la vez que los dioses ejercían su papel creador en el principio de los tiempos, pero, por distintas razones, cada una de ellas había sido destruida o pereció en terribles catástrofes provocadas por los dioses. La última de esas razas había sido víctima de un diluvio del que solo unos pocos sobrevivieron convertidos en peces.

Quetzalcóatl había atravesado ya los nueve niveles de que se componía el mundo infernal y había pasado todas las pruebas que estaban destinadas a aquellos que habían muerto: cruzar aguas

peligrosísimas, atravesar entre montañas que inesperadamente chocaban entre sí y trituraban al que se encontrara en medio, vientos tan helados como cuchillos...

Por fin se encontró en presencia de los dioses de la muerte: Mictlantecuhtli y su esposa Mictecacihuatl.

La visión del rey de los muertos le dejó espantado. Su forma era la de un esqueleto vestido con ropas de papel y adornado con joyas. En su cabeza llevaba un gorro cónico sobre su cabello negro y rizado. Su trono estaba hecho de la piedra negra y reluciente procedente de los volcanes, la obsidiana, y a su lado presidían los animales que eran sus compañeros: un perro, un búho y una araña.

Sin embargo, Quetzalcóatl no vaciló, no le tenía miedo.

—¿A qué se debe esta visita? —preguntó el señor del inframundo con voz ronca y profunda.

Y su esposa repitió la pregunta.

—Vengo a buscar los huesos humanos que se encuentran aquí, en vuestro reino.

—Y, ¿para qué los quieres?

—Los dioses han decretado que la tierra sea repoblada.

Mictlantecutli no respondió inmediatamente, enojado.

¿Cómo se atrevía a pedirle algo que pertenecía a su reino?

Desde luego, no lo tendría fácil.

—Primero tendrás que hacer lo que yo te pida —dijo al fin. Quetzalcóatl aceptó. Haría lo que fuera para cumplir su misión, la misión que le habían encargado los dioses.

—Tendrás que recorrer mi reino cuatro veces haciendo sonar una caracola marina como si fuera una trompeta. Si lo cumples podrás recoger los huesos de los hombres y llevártelos a la tierra.

El dios se dispuso a cumplirlo. No parecía tan difícil. Y él ya se había enfrentado antes a numerosas dificultades...

Los dioses del inframundo, Mictecacihuatl y Mictecacihua le condujeron hasta un lugar más profundo, aún más oscuro y tene-

broso. Allí se encontraba una caracola blanca y bien formada, como las que se encuentran en las playas de la tierra, pero... ¡la caracola no tenía agujeros! ¿Cómo iba entonces a producir un sonido al soplar a través de ella?

Mictlantecutli, enorgulleciéndose de su propia astucia, sonreía al ver el gesto de sorpresa de Quetzalcóatl. Estaba claro que no lo iba a conseguir y, por lo tanto, su oponente sería vencido. Sin embargo, Quetzalcóatl no iba a arredrarse fácilmente. A él tampoco le faltaban recursos para lograr sus propósitos. En cuanto le dejaron solo utilizó sus poderes divinos para llamar a un ejército de gusanos y a otro de abejas. Los gusanos tomaron al asalto la caracola y se pusieron a trabajar inmediatamente excavando agujeros en ella a toda velocidad. Y una vez que la caracola tuvo sus orificios, las abejas vinieron a llenarla, haciéndola sonar con sus zumbidos.

Así, la Serpiente Emplumada consiguió realizar la tarea que el señor de los muertos le había encargado. Y el sonido de la caracola llegó a los oídos de Mictlantecutli, quien tuvo que aceptar que Quetzalcóatl había ganado.

—Puedes llevarte lo que me pides —afirmó.

El dios se dispuso a recoger los huesos para llevarlos de vuelta a la tierra. Ahora solo le quedaba recorrer el camino de regreso al mundo superior y su peligrosa misión habría terminado.

Sin embargo... Mictlantecutli no estaba convencido. A pesar de haber aceptado su derrota, sentía que no podía dejar marchar al dios tranquilamente. Y cambió de opinión. No, Quetzalcóatl no regresaría a la tierra.

Llamó a otros habitantes del mundo infernal que eran sus compañeros y les ordenó que impidieran a su enemigo marcharse del Mictlán. Estos obedecieron y al punto se pusieron a cavar un hoyo en medio del camino que el dios debería tomar. Un hoyo enorme, profundísimo.

Efectivamente, Quetzalcóatl, en su entusiasmo por abandonar aquel lugar tenebroso y hostil, no se dio cuenta del hoyo y cayó den-

tro. La caída fue terrible, tal era la profundidad del agujero. Caía y caía y parecía que nunca iba a llegar al fondo. Pero, finalmente, después de un golpe seco, el dios quedó inmóvil, muerto. Los huesos que transportaba con tanto cuidado se esparcieron a su alrededor y en seguida las aves vinieron a picotearlos.

¿Qué iba a ocurrir ahora? Parecía que todo se había perdido y que no había esperanza de que Quetzalcóatl cumpliera su misión. Sin embargo, él era un dios y, por lo tanto, tenía poderes más allá de los humanos. Y volvió a la vida.

Ahora le tocaba recoger los huesos y empezar de nuevo. Pero ¡qué disgusto! Los huesos estaban rotos, algunos de ellos agujereados y sucios. Los cogió cuidadosamente y los guardó una vez más. Y con ellos siguió el camino que le llevaba al mundo superior, a la tierra. Y ahora nadie ni nada se lo iba a impedir.

Cuando llegó a la superficie los demás dioses aguardaban. Él les contó lo que había sucedido mientras miraban decepcionados aquel montón de huesos casi irreconocibles.

¿Cómo iban a poder formar nuevos hombres y mujeres de semejante basura?

Con paciencia empezaron a ordenarlos y luego decidieron dirigirse todos al lugar sagrado de Tamoanchan, donde todas las cosas imposibles podían cumplirse. Y allí los recibió Cihuacóatl, la diosa-serpiente que conocía ya la hazaña de Quetzalcóatl y su descenso al Mictlán.

—No temáis —dijo—. Lo arreglaremos.

Y empezó a triturar los huesos hasta convertirlos en un polvo finísimo, como una harina blanca y delicada.

—Ahora debéis verter unas gotas de vuestra propia sangre.

Todos los dioses obedecieron. Y así se fue haciendo una masa que luego modelaron hasta que fue adquiriendo formas humanas. De manera que esa nueva humanidad estaba compuesta de algo divino, era en cierto modo un regalo de los dioses y ya no podría ser destruida.

Las mujeres-fantasma

El lugar destinado a los que habían muerto no era único, lo mismo que no era única la forma de morir. Y el Mictlán tampoco era el destino final para todos. Aquellos que morían en la guerra, en el campo de batalla, iban a la llamada «Casa del Sol», situada al oriente donde nacía el astro, un verdadero paraíso en el que no había sufrimiento, tristeza ni dolor. Todo era placer y felicidad, pues, ¿acaso no se lo habían ganado siendo los más valientes guerreros y después de los esfuerzos del combate? Y no solamente los que habían peleado por su pueblo merecían tan afortunado final, sino también los enemigos que morían en la batalla o habían sido sacrificados. En la muerte todos alcanzaban una condición similar.

Estos guerreros tenían además la misión de acompañar al sol en su recorrido hasta el mediodía, haciendo toda clase de ruidos con sus armas y escudos como si aún estuvieran tomando parte en una batalla.

También compartían el privilegio de acompañar al sol en su camino —esta vez descendente, hacia la noche— las mujeres que morían al dar a luz, pues se consideraba que ellas también habían perdido la vida en un combate, en defensa de un prisionero, en este caso el niño que llevaban en su vientre. ¿No había sido su lucha tan grande como la de cualquier soldado en el campo de batalla? Y estas mujeres-guerreras, valientes y victoriosas, recibían el nombre de Cihuateteo y estaban bajo la protección de una poderosísima diosa: Cihuacóatl, la mujer-serpiente, que había sido la primera en parir.

Sin embargo, las Cihuateteo no permanecían siempre en el lugar destinado a los guerreros muertos, sino que podían regresar a la tierra convertidas en terroríficos fantasmas y tenían poderes para cometer toda clase de acciones terribles contra los vivos, especialmente en unos días concretos del calendario azteca, cuando los hombres debían tener especial cuidado. ¡Nadie estaba a salvo entonces!

Se aparecían a sus propios maridos —entre otros— para pedirles ropas femeninas y ellos, por supuesto, tenían que hacer lo que los fantasmas les pedían. Aunque pensaban, ¿para qué querían ropa si ya no tenían un cuerpo como el de los vivos? Pero, aun así, aterrorizados, obedecían sin vacilar.

A las Cihuateteo no las detenía nada ni nadie. Su lugar preferido eran las encrucijadas, de noche, y los que tenían que utilizar esos caminos trataban por todos los medios de evitarlas. Y en la tierra, las madres protegían a sus hijos, ya que estas mujeres-fantasma podían encapricharse de algún niño y raptarlo para sustituir al suyo propio, al que habían perdido. Y, ¡ay! Su aspecto podía transformarse de horribles esqueletos a hermosas mujeres que no se distinguían de las mujeres vivas. Con ese aspecto podían incluso seducir a un hombre que no era capaz de reconocer su carácter sobrenatural.

Una vez un hombre se encontró con una joven bellísima. Le sorprendía no haberla visto antes, ya que creía conocer a toda la vecindad en el pequeño pueblo en que vivía. Él estaba entonces casado con una mujer de su misma localidad con la que había tenido amistad desde que eran niños, aunque el matrimonio no era ahora especialmente feliz tras varios años ya de rutina y aburrimiento. Empezó a propiciar los encuentros con la desconocida, encuentros que parecieran fortuitos para no resultar demasiado transparente en sus intenciones. Porque en su corazón la amaba desde que la vio por primera vez. ¿Le correspondería? Se preguntaba ilusionado cuando ella respondía con una sonrisa a sus palabras, a veces torpes, que intentaban atraer su atención.

—Jamás he conocido a una chica como tú —le decía—, pero, ¿no eres de esta zona, verdad...?

—Vengo de muy lejos —respondía— Y me alegro tanto de estar aquí contigo...

¡Qué seductora era! ¡Y cuánta dulzura había en esos ojos negros y en esos labios húmedos y carnosos!

Los encuentros continuaron y pronto él no pudo resistir la pasión que le dominaba. Un día, al atardecer, se decidió a confesarle lo que sentía por ella, inconsciente de que todo era una ilusión, de que el objeto de su deseo en realidad no era una bella mujer de carne y hueso, sino un ser terrorífico. Nublada su razón por el amor inesperado que se había apoderado de todos sus sentidos, tampoco le importaba que su mujer sospechara algo. ¡Qué más daba si se enteraba...! Lo de ellos ya se había terminado hacía tiempo y no le importaba provocar una ruptura que sería ya definitiva.

Y llevó a la mujer desconocida a un lugar a las afueras del pueblo, al anochecer. Un lugar propicio para el encuentro de dos amantes, para consumar su amor prohibido. Allí empezó a besarla, a acariciarla...

Pero... de repente... ¿qué era aquello viscoso y repugnante? ¿y ese brillo feroz en sus ojos?

Se echó hacia atrás, espantado. Ahora por fin veía quién era en realidad la mujer de la que se había enamorado. Una figura horrible, esquelética, de pelo enmarañado y con serpientes enroscadas en su cintura. Él echó a correr con desesperación, alejándose cada vez más de ella hasta que finalmente, sin aliento, pudo llegar hasta su casa. Sólo allí se sintió a salvo.

A partir de entonces tendría buen cuidado de con quién se relacionaba. A las Cihuateteo había que aplacarlas y respetarlas, pero, sobre todo, mantenerse a buena distancia de ellas.

Los héroes gemelos y el dios murciélago

Era una criatura espantosa. Tenía el cuerpo humano, pero su cabeza era la de un murciélago. Su morada era siempre oscura, lo mismo que él: las cuevas y el mundo subterráneo, el mundo de los

muertos. Y vivía de noche, sólo de noche, porque de día se transformaba en una estatua de piedra. Así representaba todo aquello que era temible, pero a la vez parte de la existencia humana y divina: la noche, la muerte y el sacrificio. Lo llamaban Camazotz.

Hunahpu y Itxbalanque eran dos hermanos gemelos hijos de Hun Hunahpu (quien era a su vez también gemelo de Vucub Hunahpu) y Xquic, una diosa del mundo subterráneo. Después del gran diluvio que había inundado la tierra, sólo unos monstruos pululaban ahora por el mundo y el más terrible de ellos era un pájaro gigantesco llamado Vucub Caquix. Hunahpu e Itxbalanque, que estaban dispuestos a llevar a cabo las más heroicas hazañas, decidieron que serían capaces de matarlo. Y en efecto, escondidos bajo su árbol favorito y empuñando sus armas, aguardaron a que el pájaro se acercara volando y dispararon contra él acertándole en la cara. Sin embargo, todo había sido demasiado fácil. Y Vucub Caquix, aún vivo y furioso, arrancó el brazo de Hunahpu.

Aquello no podía quedar así. Los dos hermanos, inmediatamente, buscaron a alguien que tuviera poderes para curar y le pidieron que se ofreciera a devolverle al monstruoso pájaro —con la intención de aplacarlo— los ojos y los dientes que habían sido destruidos por el disparo. A cambio Vucub Caquix le devolvería el brazo. Y, en efecto, Hunahpu consiguió que le repusieran el brazo y el monstruo, reemplazados sus ojos y sus dientes por granos de maíz, perdió su fuerza y su poder y finalmente murió.

Pero las aventuras de los dos gemelos no terminaron ahí. Su afición al juego de pelota —el juego milenario de los indígenas de México, de sus hombres y sus dioses— les acabó llevando a un viaje al inframundo, al tenebroso reino de Xibalbá —que era así como lo denominaban los mayas—, lugar que asimismo su padre y su tío habían visitado ya. Todo porque, entusiasmados con el juego, habían causado un ruido excesivo que había molestado a los habitantes del

reino de los muertos, bajo la tierra y los señores de Xibalbá estaban furiosos.

—¡Que desciendan aquí ahora mismo! —decretaron—. Que vengan a jugar a la pelota con nosotros...

Y enviaron a sus búhos mensajeros a comunicarles la orden.

No les quedaba más remedio. ¡Menudo viaje les esperaba! Para empezar, tenían que bajar unas escaleras empinadas en las que era casi imposible mantenerse en pie; después, cruzar varios ríos, uno de ellos de sangre. A continuación, tras atravesar la «Casa de los cuchillos», la «Casa de los jaguares» y la «Casa del fuego» fueron

enviados a pasar la noche en la «Casa de los murciélagos», guarida del terrible Camazotz, obligados por Xibalbá, el señor del inframundo.

¡Qué horror! ¿Qué iba a ocurrirles ahora? ¡Tener que enfrentarse ni más ni menos que a los dioses de la muerte!

El miedo a aquel lugar tenebroso y sombrío y en especial a los murciélagos sedientos de sangre les hizo buscar un escondite en el que sentirse seguros, al menos mientras durara la noche. Y Hunahpu tuvo una idea: ¿por qué no usar el tubo de sus propias cerbatanas? A fin de cuentas, ellos podían cambiar su forma y su tamaño y aquellos largos tubos que solían llevar consigo como armas para cazar o defenderse les protegerían del ataque de los murciélagos.

Así lo hicieron. Y aguardaron, aguardaron... La noche parecía no acabar nunca. Estaba todo tan oscuro...

Aún les llegaban los sonidos del aleteo de aquellas negras criaturas y sus agudos chillidos. Y sabían que el feroz Camazotz les estaría buscando.

Pasó el tiempo. Ahora parecía que todo estaba en silencio.

¿Sería ya de día?

—¿Qué hacemos? —preguntaba Ixbalanque impaciente.

—No sé —respondió Huhnapu.

—Asómate y comprueba si ya ha amanecido.

Hunahpu dudaba. Todo seguía en silencio afuera, pero... ¿cómo estar seguro?

—¡Vamos! —insistió su hermano— No tengas miedo.

Y Hunahpu al fin obedeció. Se fue arrastrando muy despacito por dentro del tubo procurando hacer el menor ruido posible. No veía nada. Siguió avanzando. Todavía nada.

Al fin llegó al extremo de la cerbatana. Todo parecía aún muy oscuro.

Entonces sacó la cabeza. Y, antes de que pudiera regresar a su escondite, el terrible Camazotz acudió volando, como una gigantesca sombra negra. Abrió la boca y mostró sus largos colmillos de vampiro. Y de un solo bocado arrancó la cabeza de Hunahpu.

Ixbalanque, que no había oído nada desde el interior de su refugio, preguntaba:

—Hermano, ¿ves algo?

Pero no obtenía respuesta. Y él insistía:

—¿Ves algo? ¿Es ya de día?

Nada. A causa de su atrevimiento Hunahpu había muerto decapitado. Y su cabeza fue llevada a la corte de Xibalbá, el señor de los muertos, donde fue usada como pelota para los juegos de los habitantes del inframundo que reían y se jactaban de su victoria. Camazotz había vencido.

Y, ¿qué le había ocurrido mientras tanto a Ixbalanque? Escondido hasta que en efecto se hizo de día, consiguió sobrevivir y abandonar el inframundo sin sufrir ningún daño. Sin embargo, cuando se enteró de lo ocurrido a Hunahpu no pudo aceptar la decapitación de su hermano y decidió hacer algo. Entonces, llamó a todos los animales que existían: a los animales de la selva y a los animales de las lagunas y los ríos. Y les pidió que le llevaran, cada uno, su comida favorita, para así poder reconstruir la cabeza de su hermano y devolverle la vida. Respondiendo a su llamada, algunas criaturas vinieron con alimentos ya podridos, otros con hojas y ramas. Pero al fin un coatí le trajo un enorme calabacín con una forma redondeada en el que Ixbalanque consiguió tallar la forma de una cabeza y colocarla sobre el cuello de Huhnapu. La cabeza inmediatamente cobró vida. ¡Qué gran portento! Sus ojos se abrieron y su boca empezó a hablar.

Al amanecer los dos hermanos se presentaron en la cancha de pelota de Xibalbá como si nada hubiera ocurrido, dispuestos a jugar. Pero el juego que les ofrecían los dioses del mundo subterráneo era en realidad una trampa para castigarlos y ellos eran conscientes de que su último propósito era matarlos y que no descansarían hasta que lo hicieran. Sin embargo, la astucia de los dos gemelos era mayor que la de sus contrincantes. Así, en un momento durante el juego, Ixbalanque lanzó la pelota (que aún era la auténtica cabeza de

su hermano) fuera de los límites de la cancha y de esa forma, mientras los señores de Xibalbá corrían para alcanzarla, aprovechó para recuperarla y cambiarla por la falsa, la que había modelado sobre el calabacín. Nadie se dio cuenta del cambio y pronto los dos héroes gemelos consiguieron salir vencedores. Aprovecharon su victoria para, incluso, rescatar los restos de su padre y de su tío que habían sufrido antes que ellos un destino semejante, pero habían acabado siendo sacrificados y enterrados en Xibalbá. Ixbalanque y Huhnapu, vencedores al fin, después de sus aventuras, serán llevados al cielo para reinar sobre el mundo transformados en el sol y la luna.

CRIATURAS MALIGNAS Y PELIGROSAS

La Llorona, una mujer despechada

Desde tiempos remotos los habitantes de las tierras de Centroamérica creen en una figura fantasmal que se aparece a veces junto a un río o un lago. Hay quienes dicen que era una diosa que se lamentaba por sus hijos y presagiaba funestos desastres para su pueblo y la violencia desatada que afectaría a los mexicas en un futuro cercano a manos de los conquistadores de su tierra; otros dicen que era una mujer corriente, de carne y hueso. Una mujer desesperada, traicionada. Y ésta sería su historia.

Era el día de su boda. ¿Cómo no iba a estar emocionada? Se cumplía su sueño de casarse con Jorge, el hombre al que amaba con todo su corazón, en el que no podía dejar de pensar ni un minuto.

Su precioso traje de novia estaba extendido sobre la cama, esperándola. Blanco como la nieve y resplandeciente como las estrellas, contrastaría con su piel morena y sus negros cabellos.

Y por fin llegó el momento tan ansiado. Todo el pueblo había venido a asistir al gran acontecimiento. Un español, militar

de rango, se casaba con una india, una mujer de su tierra, nativa, como ellos.

—Se la ve tan enamorada... —Era el comentario más escuchado.

La vida de la pareja continuó tan feliz como había empezado. Vinieron los hijos, primero un niño, luego una niña seguida de otro niño, con el pelo negro como la madre y la piel blanca del padre. Niños que crecían contentos en un hogar limpio y cuidado. Todos en el pueblo sentían cariño por ella, por la hermosa india que había traído al mundo a unas criaturas preciosas que colmaban de dicha a sus padres.

Pasaron dos años, luego tres y cuatro. Nada parecía haber cambiado en el hogar de Jorge y María, que mantenían su apariencia de una vida dichosa con sus tres hijos.

Hasta que un día... todo cambió. Un viaje de Jorge a la capital y una ausencia demasiado prolongada volvieron a María una mujer preocupada y ansiosa. ¿Qué estaba ocurriendo? ¿Es que su marido ya no quería volver con ella?

Sus vecinas y amigas intentaban tranquilizarla. Era el deber de Jorge, su obligación. Cuestiones políticas y militares le alejaban de su hogar, pero eso no quería decir nada. Pronto regresaría. Y entonces las cosas volverían a ser como antes. No había nada que temer.

—Mamá, mamá, ¿Dónde está papá? —Era la pregunta repetida de sus hijos. Y ella respondía:

—Vendrá pronto. No os preocupéis. Es que papá tiene importantes asuntos que atender...

Pero, mientras tanto, los malos presagios torturaban a María.

Y finalmente, lo que tanto la obsesionaba ocurrió. Jorge había encontrado a otra mujer.

Apareció un día en la que hasta entonces era su casa, sin avisar. Y su decisión era clara y tajante. Deseaba dejar a su esposa para casarse con una mujer de su raza, la hija de un personaje importante de la capital.

María lloró y suplicó.

—Amor mío, ¿ya no me quieres?

—Sí, te quiero, pero...

—¿Qué va a ser de mí? ¿Y de nuestros hijos? ¿Es que no quieres a nuestros hijos?

—Yo me encargaré de ayudar a mantenerlos. Estarán bien —respondía él.

La furia y la desesperación iban creciendo en el corazón de esa mujer que lo había entregado todo a su marido. Ahora apenas se atrevía a recordar los momentos felices que había pasado junto a

él. ¡Cuánta crueldad en el corazón de aquel hombre en el que había confiado tanto! Pero Jorge no merecía ya ni siquiera un recuerdo.

Y una noche, poseída por la locura, María sacó su vestido de novia del cajón donde había estado guardado todos estos años y se lo puso. Aún le sentaba tan bien como aquel lejano día de su boda. Luego, fue a la habitación donde dormían sus hijos y los levantó. Con ellos a rastras salió de la casa que ya nunca más volvería a ser su hogar con Jorge. Caminó sin descanso hasta dejar atrás las calles del pueblo y siguió por campos solitarios, a las afueras. Los niños gemían a su lado, aún adormilados, añorando el calor de sus camas.

—¿Qué pasa? ¿A dónde nos llevas, mamá? —le preguntaban mientras ella aferraba con fuerza las tiernas manitas.

—Ya estamos cerca, hijos míos —contestó.

Entonces llegaron al río. Cruzaron al otro lado y María se dirigió al lugar donde las aguas eran más profundas y la corriente más fuerte. Allí, años atrás, ella solía bañarse con sus amigas, pero ese recuerdo feliz no tenía ahora ninguna importancia.

Entró en el agua, descalza, dejando que se mojara el borde de su vestido. Y tiró de los niños para que la siguieran. Luego los hizo caer y los empujó para que se hundieran bajo la corriente.

Los pequeños gritaron y patalearon al principio, pero ella siguió luchando hasta que en un momento todo quedó en silencio, en calma. Pero su locura no terminó allí, con la muerte de los niños. Cogió un cuchillo que había traído consigo y con todas sus fuerzas se lo clavó a la altura de su corazón. Su cuerpo cayó también al agua y tiñó de rojo la corriente.

Sin embargo... al cabo de un tiempo María despertó. Estaba tendida en el mismo lugar en el que había caído. ¿Había sido todo un sueño?

Se levantó y miró a su alrededor. Ahí estaban los cuerpos de sus niños flotando en el agua, inmóviles. Y, espantada por aquella visión, gritó:

—¡Ay mis hijos! ¡Ay mis hijos...! ¡Mis hijos...!

¿Y ella? ¿Había sobrevivido?

No. Ella también estaba muerta, como los niños. Pero su dolor la había convertido en un fantasma dispuesto a vengarse. Si ella había perdido a sus hijos, otras madres también perderían a los suyos: ella se los arrebataría y nadie podría detenerla. Su lamento eterno seguirá escuchándose y por eso la llamarán La Llorona. Su venganza por haber sido abandonada se cumplirá y en México y en otros países cercanos los niños estarán en peligro.

Niños, tened cuidado, no salgáis de noche... Madres, no dejéis de vigilar a vuestros hijos... que viene La Llorona.

La sirena de Matlazinca

Era un valle siempre verde, eternamente regado por el agua que formaba lagunas que se conectaban entre sí ocupando la mayoría de su extensión, lagunas pantanosas y oscuras.

Este valle —conocido como Matlazinca— estaba dominado por una extraña criatura, emparentada con el poderoso dios Tezcatlipoca, a la que llamaban Tlanchana. Una criatura que en nada se parecía a los seres humanos ni a los grandes dioses que habían creado el mundo. Su parte superior era la de una mujer hermosísima, de largos cabellos y ojos risueños y seductores. Sin embargo, de la cintura para abajo su cuerpo se transformaba en una cola de serpiente, verde, húmeda y escurridiza. Ella gobernaba sobre toda la zona, siendo su hogar aquellas lagunas de aguas cenagosas que a la luz del día se convertían en espejos que reflejaban la vegetación que crecía a su alrededor. Y solía aparecer sentada sobre un islote que surgía en medio del agua, con su cuerpo desnudo adornado con collares de peces, conchas y otros seres marinos. Desde ahí contemplaba su reino con satisfacción.

Los habitantes de los alrededores acudían a ella y la consultaban e invocaban porque poseía poderes mágicos que podían asegurarles la pesca y el sustento. Pero los hombres también acudían a admirarla. ¡Era tan guapa...! Sin embargo, en ese caso tenían que hacerlo a escondidas para que no les viera.

Porque, ¡ay si ella se daba cuenta! Entonces sus admiradores estaban perdidos.

En efecto, todos temían a Tlanchana. Su carácter era irritable y vengativo y no tenía ningún reparo en castigar a aquel que se atreviera a incomodarla. Entonces utilizaba su cola de serpiente para atraparlo y arrastrarlo hacia las profundidades de la laguna.

Sin embargo, este monstruoso ser también tenía la capacidad de enamorarse, como tantas otras sirenas de las que nos hablan los cuentos. Y así le ocurrió en una ocasión.

Era un joven pescador, atractivo y fuerte, que no dudaba en acercarse a los territorios de Tlanchana para ver si podía conseguir una buena pesca. Como otros muchachos de su pueblo, conocía la belleza de la reina-serpiente y más de una vez había formado parte de un grupo en sus expediciones para ver —aunque fuera de lejos— el torso femenino tan seductor que se exhibía en medio de los pantanos. Pero en una ocasión fue ella la que le vio, destacando entre sus compañeros. E inmediatamente se quedó prendada de él. Deseaba con todo su corazón poseerle, hacerle su esposo y retenerle junto a ella en la laguna. ¿Qué podía hacer? ¿Cómo atraerle sin que su extraña forma le asustara? Aquella cola de serpiente que manifestaba su carácter sobrenatural y la distinguía de los humanos provocaría su rechazo.

Pero Tlanchana no era una criatura cualquiera. Su relación con lo divino le otorgaba poderes que los hombres y las mujeres de la tierra no tenían. Por eso, a su voluntad, fue capaz de transformar su cola en dos piernas de mujer, dos piernas bien formadas terminadas en unos pies pequeños y delicados. Y así se presentó ante el joven. Y él, ¿cómo no iba a enamorarse también de semejante mujer, la más hermosa que había conocido jamás?

Se miraron con una intensidad que casi les atravesaba. Se besaron una y otra vez...

—¿Me amas de verdad? —preguntaba ella.

—¿Cómo no voy a amarte? Eres un sueño, eres todo lo que podía desear...

—Vente conmigo entonces. Te haré feliz y a mi lado gobernarás sobre esta región.

Él se dejó llevar y durante varias semanas parecía que no podía haber mayor felicidad en una pareja que la que ellos disfrutaban. Tlanchana seguía —igual que antes— sentándose en su islote ejerciendo su influjo sobre la vida en las lagunas. Y entonces volvía a exhibir su cola de serpiente que distinguía sus poderes. Pero luego,

en compañía de su amado, cambiaba su cola por las dos piernas de mujer y como una mujer humana compartía el lecho con él.

Hasta que un día el joven se dio cuenta de su situación. Era como si hubiera despertado de un sueño. ¿Qué vida era la que le esperaba con esa criatura monstruosa y extraña? ¿Acaso se creía que ese amor iba a durar para siempre...? Tlanchana tenía un carácter inestable, se irritaba con facilidad y no dudaría en hacerle daño si llegara el momento en que se hubiera cansado de él y ya no le amara. En su pueblo se contaban historias de hombres ahogados en el pantano, hombres que la habían rechazado y habían sufrido el abrazo mortal de su cola de serpiente.

Tenía que escapar como fuera. Y comenzó a planear su huida. Aprovechó una noche de luna llena, mientras ella dormía. Tratando de no hacer ruido abandonó la habitación que compartían en la pequeña cabaña que era su refugio cuando no estaba en la laguna y luego, despacito, salió al exterior. Todo estaba tranquilo. Se metió en el agua que no le cubría y con gran esfuerzo vadeó en la dirección en la que se encontraba su pequeña barca de pesca, tal y como la dejó cuando decidió abandonarlo todo para estar con Tlanchana. Miró hacia atrás y le pareció notar un ruido, como un chapoteo a lo lejos. ¿Se había dado cuenta ella y le estaba siguiendo?

Esperó un momento y no ocurrió nada. La laguna seguía en silencio, el agua en calma. Finalmente alcanzó su barca y empezó a remar con todas sus fuerzas alejándose cada vez más del centro de la laguna y de su amada.

El joven regresó a su hogar sano y salvo. Sus amigos que le habían echado de menos se alegraron por él, aliviados de saber que no había sufrido ningún daño de la peligrosa reina-serpiente. ¿Y ella? Cuando se dio cuenta de que su amado había huido rugió de furia y sus gritos se escucharon en toda la zona. Sin embargo, volvió al lugar donde solía sentarse y, desde allí, aún añorando a su amor perdido, esperó a que un día otro joven se prendase de su belleza. Y quizá esta vez pudiera retenerlo para siempre.

Aluxes y chaneques, los duendes mexicanos

Había otros seres que también habitaban en el inframundo, por debajo de la superficie de la tierra. Tenían la forma de hombres de tamaño diminuto, con una sola oreja —eso sí, muy grande— y los pies del revés. Algunos decían que estos seres eran los espíritus de los antepasados, que al surgir sobre la tierra habían adoptado esa extraña forma. Su carácter era variable, a veces eran juguetones y, como a los niños, les gustaba correr, saltar y gritar. Podían ser simpáticos y alegres, pero al mismo tiempo poseían un lado malévolo, peligroso e impredecible que recordaba su relación con las poderosas fuerzas de la naturaleza y con el mundo de los muertos. ¿Quién podía fiarse de ellos entonces?

Estos duendecillos —pues a duendes era a lo que más se asemejaban— estaban a las órdenes del dios Chane, el dios de la tierra y el agua, también habitante del mundo subterráneo, un dios que, como ellos, tenía una doble cara: era benévolo con los humanos, pero castigaba duramente a los que cometían cualquier acto que podía ser considerado como malvado: robo, adulterio, etc.

En una ocasión el propio dios Chane convocó a estas criaturas para pedir su ayuda, ya que en la tierra los hombres iban a sufrir terribles calamidades y a ellos les correspondía velar por sus gentes, así como por los animales y la naturaleza.

Pero, ¿qué podían hacer ellos? Con su pequeña estatura no tenían fuerza suficiente para enfrentarse a nadie... ¿Cómo iban a luchar contra ejércitos de hombres armados o contra fieras salvajes? Y tenían razón en ser conscientes de su propia debilidad. Sin embargo, Chane tenía la solución. Les dotaría de poderes especiales, poderes mágicos que les haría invencibles. Así, a pesar de su tamaño, serían capaces de todo: de asustar, de provocar enfermedades, de trastornar la mente de los hombres..., aunque, al mismo tiempo, también podrían curar, ayudar y velar sobre los que respetaban la naturale-

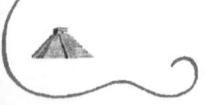

za y sus tradiciones. Al mismo tiempo que les otorgaba estos poderes también les asignó un nombre, pero dividiéndolos en dos grupos: unos serían llamados aluxes y otros, chaneques, un nombre derivado del propio dios que les gobernaba. También Chane instituyó que a partir de entonces los campesinos de las tierras sobre las que mandaban les honraran y aplacaran con regalos de cualquier tipo.

Todos parecían satisfechos ahora. Asumiendo sus nuevos nombres, los aluxes y los chaneques reían y saltaban entusiasmados.

¡Cómo iban a disfrutar! Ante ellos se abría un mundo de posibilidades de diversión y todo ello sin correr ningún peligro.

—¡Somos los más poderosos! —gritaba uno.

—¡Síiiiii! ¡No importa que seamos pequeños, ahora somos los más grandes! —exclamaba otro.

—¡Los más grandes! —corearon los demás.

Felices con su nueva situación se desperdigaron por la tierra y empezaron su tarea. Uno aterrorizaba a un cazador que se ensañaba con un zorro, otro vigilaba a unos niños para asegurarse de que se portaban bien. Los hombres les temían y respetaban y procuraban mantenerlos satisfechos dejando gallinas y miel para su sustento. Además, se habían dado cuenta de que, entre sus muchos poderes, tenían la capacidad de volverse invisibles, de manera que sus actos eran más y

más atrevidos. La tierra entera se estremecía con su continuo pulular por ciudades y aldeas, bosques y selvas. Se escondían en los agujeros de los árboles y podían viajar allá donde querían. Y entre sus muchas travesuras una de sus favoritas era hacer que los hombres se perdieran, desorientándolos y dándoles un buen susto.

En una ocasión un joven que había salido a cazar con su perro se encontró con un chaneque. Entusiasmado con la caza se había internado en un profundo bosque y no se había dado cuenta del paso del tiempo, de manera que cuando el chaneque se apareció ante él casi se sintió aliviado pensando que aquella criatura podría ayudarle. Tampoco se extrañó del tamaño ni del aspecto que tenía, pensando que se trataba quizá de una persona deformada por alguna enfermedad.

—Buenas tardes —saludó cortésmente—¿Podría indicarme el camino de vuelta a la aldea?

El otro no respondió, pero hizo un gesto con la mano para que le siguiera. El perro empezó a aullar y a quejarse como si intuyera el carácter malévolo de aquel hombre de apariencia de niño con cara de viejo, pero el joven no vaciló en seguir los pasos del chaneque. Cualquier cosa menos quedarse a pasar la noche perdido en mitad del bosque.

Al cabo de un rato de caminar el joven empezó a sentirse preocupado. Aquel lugar le resultaba extraño, el camino no lo reconocía ya y ¿dónde estaba su perro?

—Vamos, vamos, ya queda poco —era lo que decía el hombrecillo cada vez que le veía dudar.

Y el joven continuaba adelante.

Ya no era capaz de distinguir cuánto tiempo había pasado. Y desde luego no sabía dónde estaba ni a qué distancia podía estar su casa.

Entonces empezó a tener miedo. A su alrededor cada vez estaba más oscuro y había empezado a observar que todo le resultaba desconocido, que el bosque había dado paso a unos prados sobre los que revoloteaban unos pájaros multicolores que él no había visto nunca antes. Desde luego aquello no era el camino a su casa.

—¡Espera! —gritó—. ¿Dónde estoy? ¿A dónde me llevas?

—Ya queda poco —repitió el chaneque.

El joven era consciente ahora de que había algo muy extraño en todo lo que le rodeaba: el hombrecillo, el lugar... Y el temor se fue apoderando de él cada vez más. ¿Por qué se le había ocurrido seguir a esa criatura tan peculiar? Ahora veía claro que no se trataba de una persona normal, sino que debía ser un personaje de otro mundo, uno de los duendes maléficos de los que hablaban los viejos en su pueblo.

¡Qué desgracia! ¿Qué iba a hacer ahora?

Mientras daba vueltas en la cabeza a su situación seguía andando, desesperado. Ya ni siquiera se preocupaba de dónde había ido su perro. Quizá había sido más listo que él y había escapado.

Al cabo de unos minutos que a él se le antojaron horas, se dio cuenta de que el hombrecillo había desaparecido, miró a su alrededor buscándole, pero pronto confirmó que estaba al fin solo. Y respiró aliviado. Al menos no le había causado daño... Sin embargo, ¿cómo iba a encontrar el camino a su casa? Estaba completamente perdido.

A medida que pasaban las horas y luego los días, en su casa y en su pueblo se había despertado la alarma. La angustia se apoderó de sus padres y amigos. Tenía que haberle ocurrido algo, tal vez había sido atacado por un animal salvaje y su cuerpo había quedado abandonado en el bosque. Algunos incluso se dedicaron a recorrer los alrededores con la esperanza de encontrarle y encontrarle aún con vida. Pero nada. Sus padres lloraban desconsolados. ¿Qué más podían hacer?

Hasta que un día, cuando ya todos se habían dado por vencidos, convencidos de que el muchacho nunca volvería, apareció en el pueblo. Estaba desfallecido, hambriento. Sus padres, amigos y vecinos apenas podían creerlo y lloraron de alegría al verle, pero cuando intentaron averiguar lo que le había sucedido y dónde había estado no obtuvieron respuesta.

Él no se acordaba de nada. Todo había pasado como en un sueño. Si alguien sospechaba la intervención de algo o alguien sobrenatural no lo dijo. Mejor olvidarlo. Al menos había terminado felizmente.

Otro de los pasatiempos de estas juguetonas criaturas era atemorizar a algún ingenuo que no les honraba lo suficiente. Así, una mujer viuda que vivía sola empezó a sufrir extraños ataques en su propia casa. Primero fueron ruidos durante la noche, ruidos que fueron haciéndose más y más intensos, pero que nadie podía entender de dónde venían y quién o qué los producía. Durante la noche se despertaba de repente convencida de que alguien le había pasado la mano por la cara, incluso que le había dado una bofetada.

La mujer vivía en un estado de angustia y temor porque los ataques no cesaban, incluso aumentaron. Un día enseñó a sus amigas las marcas y moratones en los brazos y en la cara.

—No sé lo que me ocurre... —decía con lágrimas en los ojos— Pero hay un ser invisible en mi casa que me golpea constantemente...

Ellas la miraban con asombro. ¿Se había vuelto loca? Tal vez ella misma se había hecho las heridas por alguna extraña razón...

El chaneque —o ¿era un aluxe?, en este caso podía ser cualquiera de ellos— se iba envalentonando cada vez más a medida que veía a su víctima más aterrorizada. Sus bromas se fueron haciendo más pesadas: le untaba la cara con carbón mientras dormía o en público le quitaba la ropa. ¡Qué vergüenza! Ella salía corriendo y gritando, asegurando que una criatura invisible la perseguía.

—Tiene que ser un chaneque —le aseguró una vez un anciano de su pueblo—. Tendrás que aplacarlo de alguna forma.

Cualquier cosa con tal de librarse de esa pesadilla, pensaba la mujer, ya desesperada.

Y a partir de entonces comenzó a dejar a la puerta de su casa comida y bebida para su enemigo, tal y como le habían recomendado, hasta que finalmente consiguió deshacerse de él. Sus heridas

se curaron, los golpes cesaron y poco a poco pudo recuperar su vida normal. Ya nunca se olvidaría de que existían seres a los que había que mantener contentos y así, en lugar de ataques, recibiría protección y auxilio.

En tiempos de guerra

Los dos volcanes

La joven Iztaccihuatl estaba acostumbrada a una vida de comodidades y atenciones, tal y como correspondía a su rango de princesa de los mexicas. Su padre, que ahora encabezaba una encarnizada guerra contra otros pueblos enemigos, se encargaba de que a su preciosa hija no le faltara de nada y tuviera la vida que merecía. Iztaccihuatl era bellísima y había conseguido atraer la atención de varios jóvenes de su entorno. Sin embargo, en su corazón ella ya había elegido a un apuesto guerrero llamado Popocatepetl. Y su amor era, además, correspondido. ¿Qué más podía desear? Si su padre daba su consentimiento, se casarían lo más pronto posible...

Pero, no. El padre no estaba convencido. Él quería lo mejor para su hija y, ¿era Popocatepetl un prometido digno de ella, un esposo apropiado para una princesa?

Para asegurarse tramó un plan: enviar al joven guerrero a la batalla, en Oaxaca, donde, no sólo tenía que conseguir la victoria, sino traer sobre su lanza la cabeza de uno de sus enemigos. Sólo entonces podría casarse con Iztaccihuatl.

Ella, al enterarse lloró amargamente y fue a suplicar a su padre. No, aquello era demasiado cruel porque, ¿qué ocurriría si su amado era vencido y moría en la batalla? No quería siquiera pensar en la posibilidad de perderlo.

Pero no tenía otra alternativa que aceptar la decisión de su padre. Así, una mañana se despidió de Popocatepetl con lágrimas en los ojos mientras él trataba de apaciguarla.

—No temas —le decía—. Confío en mi fuerza y en mi valor y regresaré, te lo prometo.

Y ella le dejó marchar mientras se le partía el corazón. Contemplándole admiró su magnífica presencia, con su armadura, su lanza y su escudo. Sin embargo, no pudo reprimir un amargo pensamiento: ¿sería esta la última vez que lo veía?

Pasaron los días, luego las semanas. No había noticias de la guerra ni de Popocatepetl. Para Iztaccihuatl la ausencia de su amado era una tortura. ¡Cuánto ansiaba su compañía, sus besos, sus palabras tiernas...! A veces se sentía furiosa contra su padre, el culpable de su sufrimiento, el que había exigido tan dura prueba para ella. ¿Es que en realidad no deseaba su felicidad?

Al fin llegó un mensajero que venía a contar los sucesos del campo de batalla, pero, ¡ay! Las noticias no eran las que la joven esperaba tan ansiosamente. Popocatepetl había sido derrotado y había muerto.

¡Qué terrible desgracia! Ahora todo se había terminado: sus ilusiones, sus esperanzas, su boda...

Iztaccihuatl no podía siquiera levantarse de la cama ni enfrentarse a su padre. Lloraba y lloraba sin cesar, abrumada por los pensamientos más terribles. Su queridísimo Popocatepetl muerto... Y, ¿qué iba a hacer ella ahora? En su desesperación sólo veía un final: quitarse la vida para poder así reunirse con su amado. Ya nada la retenía en la tierra.

Efectivamente, Iztaccihuatl murió. Tal vez entonces su padre comprendió su funesto error, su horrible acto de egoísmo, de intransigencia, que había causado tanto dolor innecesario. Y un día, cuando nadie lo esperaba ya, llegaron unas noticias muy diferentes. Popocatepetl no había muerto, sino que regresaba victorioso y feliz. Traía, en efecto, la cabeza de su enemigo clavada en su lanza, tal y como se le había exigido.

Llegó a la ciudad con las primeras luces del amanecer. Venía orgulloso de su triunfo, pero, al mismo tiempo, emocionado ante la perspectiva de encontrarse al fin con su amada después de tantos padecimientos en la batalla.

—¡Es un fantasma! ¡Es un fantasma! —decían los que le vieron llegar.

Pero, no. Era él en persona. El falso mensaje había sido otro intento cruel de separar a la pareja. Y ahora...

—¿Dónde está Iztaccihuatl? He cumplido mi promesa. Necesito verla.

Popocatepetl dejó la cabeza a los pies del padre de Iztaccihuatl y esperó. ¿Cómo revelar la verdad? Sin embargo, no había más remedio que confesar lo que había ocurrido.

—Iztaccihuatl ha muerto.

Él no podía creer lo que estaba escuchando cuando le contaron cómo todos en la ciudad le daban por muerto y cómo la joven princesa, deprimida y desesperada, se consumía de dolor hasta que por fin se había quitado la vida, convencida de que ya no vería más al hombre al que amaba tan profundamente.

Con lágrimas en los ojos y temblando de rabia y de indignación, Popocatepetl pidió que le trajeran el cuerpo de su amada, al que en su momento ya habían hecho todas las honras fúnebres que merecía.

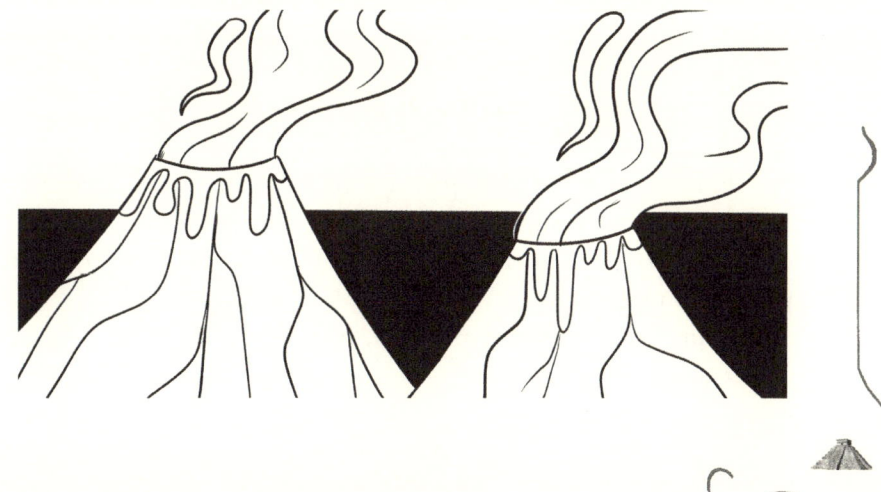

Así lo hicieron y él la tomó en sus brazos. A pesar del tiempo que había pasado aún le parecía que respiraba. Incluso en la muerte estaba tan bella...

Todavía con el cuerpo de la joven en brazos caminó hasta un monte cercano y allí la dejó suavemente sobre la tierra, en un lugar rodeado de flores, como un lecho apropiado para su belleza. Los árboles gemían por el viento y parecía que la naturaleza entera se compadecía de la pareja. La nieve había empezado a caer formando un blanco manto sobre el suelo.

Popocatepetl ya no quería seguir viviendo, quería quedarse allí para siempre, junto a la mujer que amaba. Imploró a los dioses para que le ayudaran y estos escucharon sus ruegos. La tierra tembló y empezó a elevarse hacia el cielo formando dos altas montañas, como dos pirámides funerarias gemelas semejantes a las que los hombres construían para venerar a sus muertos. Luego, la cumbre se partió en dos y de las profundidades de cada una brotó el fuego. ¡Qué prodigio!: Dos volcanes habían surgido por deseo de los dioses, para que Popocatepetl pudiera estar eternamente al lado de Iztaccihuatl, protegiéndola con la luz de su llama. Y fue el padre de la princesa el que primero descubrió que en la distancia aparecían ahora dos nuevos volcanes. Entonces comunicó a su pueblo que, después de su trágica muerte, su hija y el guerrero habían obtenido un final feliz y que estarían juntos para siempre.

Sacrificada por amor

Eran tiempos difíciles para los pueblos mixteco y zapoteco. Después de pasar tiempo luchando conjuntamente contra los mexicas, habían terminado enfrentándose entre ellos en una guerra que parecía no tener fin.

Donají era una joven princesa, hija del rey de los zapotecos, que, cuando nació, recibió —de un sacerdote entendido en pre-

dicciones futuras— un amargo vaticinio: moriría sacrificada por su pueblo. ¡Terrible destino el suyo! Sin embargo, la muchacha creció convirtiéndose en una joven hermosa, tierna y dulce, pero al mismo tiempo con un carácter fuerte y decidido. Estaban entonces en plena guerra contra los mixtecos y las desgracias se sucedían. No había tregua en las constantes peleas y la violencia desatada en ambos bandos.

En el ejército mixteco destacaba un guerrero llamado Nucano, un hombre apuesto y valiente al que todos entre los zapotecos habían aprendido a temer. Él en realidad no deseaba el exterminio de sus enemigos, sino que anhelaba la posibilidad de una paz que permitiera a los dos pueblos vivir tranquilos, dedicados a las labores agrícolas que hicieran sus campos fructíferos para proporcionarles el alimento que necesitaban en lugar de estar arrasados, quemados y salpicados de la sangre de las víctimas de los combates.

Pero, ¡ay! Nucano, no iba a conseguir su deseo. En uno de los ataques de los zapotecos resultó herido y fue retenido como prisionero. Ahora todas sus esperanzas parecían perdidas.

Fue por casualidad que Donají se encontrara con Nucano. Una de esas casualidades que dirigen el destino de los hombres y las mujeres, en este caso de dos personas tan diferentes y en distintos bandos de una guerra. Lo descubrió en una habitación oscura en una casa a las afueras de la ciudad. Primero creyó que estaba muerto, pero pronto notó que un leve quejido salía de sus labios.

Se acercó a él. Apenas se atrevía a tocarle. ¿Y si era un enemigo y la atacaba? Pero él abrió los ojos y la miró.

—¿Quién eres? —susurró— ¿Vienes a matarme?

—No, no. ¿Quién eres tú?

—Me llamo Nucano —acertó a decir—. Me han herido y me retienen aquí como prisionero...

Ella quiso ayudarle a levantarse, pero vio que el hombre no podía mover una de sus piernas y observó que bajo sus ropas fluía la sangre.

—Espera— le dijo—. Primero te curaré las heridas, luego veré cómo puedo sacarte de aquí. No consentiré que los hombres de mi pueblo te lleven para sacrificarte.

A continuación, fue a buscar agua y telas limpias para lavar sus heridas. Ahora ya no tenía miedo. Sabía que Nucano no le haría daño.

Cuando volvió, Nucano estaba casi inconsciente y lo movió con mucho cuidado, casi con temor. Mientras curaba las heridas, él abrió los ojos y sus miradas se cruzaron.

Día tras día Donají acudía a la casa donde se encontraba el prisionero. Al parecer nadie se había preocupado de él mientras la guerra continuaba. O quizá lo habían dado ya por muerto, pensaba ella, y eso había evitado que acabara sacrificado, como ocurría generalmente con los prisioneros. Él se recuperaba lentamente y pronto estaría en condiciones de volver a luchar al lado de los suyos. Donají estaba dispuesta a concederle la libertad y dejarle marchar. Sin embargo... dudaba. Ahora no quería separarse de él. Su compañía había despertado algo especial en su corazón, un sentimiento inesperado pero maravilloso. ¿Qué podía hacer?

Nucano conocía y compartía ya los sentimientos de esa joven que le había salvado la vida, que le había cuidado y se había preocupado por él. La guerra no era justa.

—Si me liberas —le dijo— yo pediré a mi pueblo que no haya más combates ni muertes. Viviremos todos en paz y tú... vendrás conmigo.

¡Qué más podía desear! Sí, la paz para su pueblo y ella, junto a su enamorado.

Mientras tanto, afortunadamente, nadie entre los zapotecos tenía noticias de lo que había ocurrido con el prisionero ni de los planes de Nucano. Y fue una gran sorpresa para los mixtecos cuando se presentó en su pueblo, completamente recuperado y libre.

—Estoy aquí ahora —anunció— gracias al buen corazón de una muchacha, la princesa Donají, a quien debo la vida. Por eso os

pido que olvidemos los enfrentamientos pasados, que terminemos con esta guerra, que no haya más violencia ni muertes.

Los otros guardaron silencio un momento, como si estuvieran debatiendo qué sería lo mejor para ellos. ¿Acabar la guerra? Tal vez, pero...

—De acuerdo —habló uno en nombre de los demás—. Sin embargo, ¿qué garantía nos das de que lo que ofreces es cierto?

—Tienes razón —apoyó otro—. Tráenos a la chica, ella nos servirá como prenda para asegurarnos la paz.

Aquello no era lo que Nucano había propuesto. ¿Iba él a poner en peligro a la mujer que le había salvado? Pero... tenía que arriesgarse si con ello iba a conseguir su propósito.

—Tenéis la garantía de mi palabra —repuso—, pero si eso no os basta os entregaré a la muchacha.

Por supuesto él no pensaba revelar el amor que sentía por ella, ni que su amor era correspondido.

Donají también aceptó el trato. Estaba dispuesta a ser entregada a los mixtecos bajo la condición de que eso serviría para traer la paz a los suyos.

Todo parecía ir bien. Los dos pueblos, los zapotecos y los mixtecos, estaban preparados para firmar su acuerdo. Sin embargo, ¡ay! Nucano ignoraba el verdadero propósito de su pueblo. Sus compañeros le habían engañado: no era su intención firmar la paz, sino vengarse de sus enemigos. Y tan pronto como tuvieron en su poder a la joven princesa, la llevaron junto al río Atoyac, un río que discurría a través de sus territorios, y allí mismo la mataron, enterrándola a continuación en la mismísima orilla del río.

Nucano se enteró de la traición de su pueblo y de la muerte de su amada. Horrorizado y desesperado suplicó que le dijeran al menos dónde estaba el cuerpo de Donají. Desde luego el crimen no iba a quedar sin castigo.

Acudió él solo al río Atoyac. La tierra estaba aún húmeda en el lugar donde los mixtecos habían enterrado a su víctima. Ayudado

con una pala y con el esfuerzo de sus propias manos, poco a poco consiguió descubrir el cuerpo de la hermosa princesa. Y, ¿qué era aquello? ¿Cómo era posible? El cuerpo estaba intacto y parecía vivo, aún en su color natural, terso y perfumado, sin ninguna señal de la violencia que había recibido. Y una bellísima flor, un lirio, crecía de su cabeza, como un prodigio, obra de los dioses.

Nucano la cubrió de besos antes de dejarla descansar de nuevo en su tumba. Luego tomó una decisión. A partir de entonces él ya no lucharía más con su propio pueblo, con su gente, sino que lo haría al lado de los zapotecos. Y para honrar por siempre a su amada, convertiría el lirio en la flor emblemática de estos. Así el sacrificio de Donají —como le habían vaticinado años atrás— no habría sido en balde y ayudaría a la victoria final de su pueblo.

APROXIMACIÓN A MESOAMÉRICA PREHISPÁNICA*
HISTORIA, CULTURA, LITERATURA Y MITOLOGÍA

1.CONTEXTO HISTÓRICO
(por Alicia Esteban y Mercedes Aguirre)

Mesoamérica (término acuñado por Paul Kirchhoff en 1943) es una de las nueve áreas culturales en las que —por sus características comunesse— divide tradicionalmente el continente americano. Abarca la mitad meridional de México y la mitad occidental de América Central y comprende, por tanto, los actuales países de México, Belice, Guatemala, Honduras, El Salvador, parte de Nicaragua y Costa Rica. Esta área constituye una unidad por su cultura, creencias y economía con rasgos en común: una economía agrícola y basada fundamentalmente en el cultivo del maíz. Respecto a su división a lo largo del tiempo desde las épocas más antiguas, se establecen tres grandes periodos:

Preclásico, desde el 2.500 a.C. hasta el 300 d.C.

Clásico, desde el 300 d.C. hasta el 950 d.C.

Posclásico, desde el 950 hasta el 1521 d. C.

En el Preclásico se inicia el sedentarismo de los recolectores-cazadores, que abandonan su antigua vida nómada.

---

*La cuestión controvertida de los pros y los contras del encuentro de los españoles y los pueblos indígenas de Mesoamérica en el siglo XVI no es el tema de este libro; el lector interesado podrá encontrar la bibliografía correspondiente.

Entonces la agricultura se convierte en el medio de subsistencia fundamental, gracias a su rica base (con cultivo del maíz, frijol, calabaza, cacao, principalmente). En el Clásico se desarrolla la agricultura ya intensivamente, y con ella la civilización, y se van formando aldeas y ciudades. Y en el Posclásico aparecen grupos emigrantes del norte, hay expansión imperial, hasta que, en 1521, durante el dominio de los aztecas, llegaron los españoles y se encontraron con poblaciones establecidas, concentradas en ciudades dotadas de formas complejas de gobierno y administración.

La que entonces era la capital, Tenochtitlán, era la sede del gobierno que, en aquella época, formaba el corazón de un rico imperio.

En Mesoamérica —en donde se mezclaron etnias y tribus de diferentes procedencias— destacan las culturas Olmeca, Maya y Azteca: La cultura Olmeca (aproximadamente del 1500 al 300 a.C., datando los primeros indicios arqueológicos encontrados del 1200 a.C., como los de las zonas de Tres Zapotes, La Venta y San Lorenzo Tenochtitlán), la más antigua que se conoce en la zona, apareció en el periodo Preclásico, en México y Guatemala, a lo largo de las costas del golfo de México. Esta cultura parece ser la iniciadora, e influyó en toda Mesoamérica. Poseía una economía típicamente agrícola, centrada especialmente en el cultivo del maíz, aunque los olmecas fueron asimismo los pioneros en materia de escultura y arquitectura, pues erigieron, ya desde el siglo XII de nuestra era, centros ceremoniales y esculturas muy representativas con cabezas colosales de piedra talladas en basalto con toda clase de símbolos, motivos cosmológicos y escenas de dioses. Crearon también una escritura y un calendario. Tuvieron un cierto desarrollo tecnológico y a ellos se debe la construcción de los primeros grandes templos y pirámides. También inventaron la práctica ritual del juego de pelota, puesto que esta se fabrica con caucho, que se extrae del árbol del hule, que crece en la región de los olmecas.

Otra antigua civilización fue la de los zapotecas que se habían instalado en las tierras altas del actual estado de Oaxaca y fueron los primeros

de esta región que poseyeron un calendario y que emplearon un sistema de escritura. La cultura olmeca se extinguió hacia el año 400 a.C., pero los indios zapotecas constituyen todavía hoy uno de los principales grupos indígenas de Oaxaca.

La cultura Maya se extendió por el sur de México, Yucatán, Guatemala, Honduras, Belice y El Salvador. Los mayas parecen haberse desarrollado junto a las civilizaciones vecinas. Alcanzaron su apogeo en el período Clásico (250 a 900 d. C.) y continuó durante el período Posclásico. Tuvieron una civilización muy avanzada —en continuidad de la olmeca— con gran desarrollo de las técnicas, la ciencia (por ejemplo, la astronomía), el arte y la escritura, así como de la organización social (muy jerarquizada).

Testimonios particularmente relevantes de su cultura son su medición del tiempo, con un complejo y elaborado calendario, heredado de los olmecas (y que sería, a su vez, continuado por los aztecas), de máxima importancia en sus rituales religiosos y en su vida cotidiana. Muestra sus profundos conocimientos astronómicos y de los ciclos de la naturaleza. Destaca, por otra parte, el texto del *Popol Vuh, El Libro Sagrado de los mayas,* recopilación de narraciones míticas.

Algunos investigadores proponen que los mayas adoptaron de los olmecas muchos de los complejos rituales que poseían. Hicieron grandes avances en la agricultura y el desarrollo urbano en un período que se conoce como el período maya preclásico —entre el 1500 y el 200 a.C.

También los mayas establecieron complejas redes de comercio y tuvieron técnicas avanzadas en la guerra y la escritura.

Se sabe hoy, gracias al desciframiento de sus símbolos gráficos de escritura (llamados «glifos»), cómo los mayas llamaban a sus dioses, sus reyes y sus ciudades. Las obras de arte y las edificaciones de Palenque, Yaxchilán, Tikal y Copal marcan el apogeo de la civilización maya llamada clásica. Sin embargo, más que formar un imperio único o una confederación única, los mayas clásicos parecen haber pertenecido a una multitud de ciudades rivales que nunca se unificaron.

La cultura Azteca o Mexica es la más moderna, pues aparece en el periodo Posclásico mesoamericano. Eran originariamente un pueblo nómada, grupos de agricultores y cazadores-recolectores que emigraron desde el norte (desde la legendaria Aztlán, de la que deriva el nombre «azteca»), y se instalaron en un islote del lago Texcoco, en el centro de México. Allí fundaron su capital, Tenochtitlán, en el lugar en que un águila devoraba una serpiente, como les habían ordenado sus dioses. Fueron guerreros poderosos, sin miedo a morir en el combate, que se mezclaron con las tribus locales y sometieron a las ciudades vecinas formando un imperio basado en la fuerza militar y el comercio.

Su avanzado desarrollo los llevó a formar una estructura política, religiosa y social que dominó la zona durante dos siglos. Su lengua era llamada náhuatl que, a la llegada de los españoles, era una de las más habladas de la zona y funcionaba como lengua de comunicación también entre otros grupos étnicos que no la tenían como lengua materna o utilizaban otras variantes de la misma.

El náhuatl fue escrito con un sistema parcialmente ideográfico y se conservan algunos documentos que contienen ejemplos de ese sistema de escritura. En castellano hoy todavía tenemos algunas palabras que derivan del náhuatl: chocolate, aguacate, tomate o chicle, por ejemplo.

De los aztecas destacan también las grandes construcciones en sus ciudades, como Tenochtitlán, Palenque y Texcoco. Alcanzaron gran desarrollo cultural, económico y político —con creciente jerarquización social—, que les permitió expandirse y dominar toda la zona, creando un importante imperio (principalmente entre 1200 y 1529 d. C., por gran parte del territorio de México y Guatemala), hasta como ya hemos dicho, la llegada de los españoles en 1521.

Es fundamental señalar la enorme importancia de la religión en las culturas de Mesoamérica, que condicionaba toda la vida de sus pueblos con sus impactantes ritos y ceremonias. A los españoles les causó horror en especial la práctica de los sacrificios humanos (de los que hablaremos después) y pensaron que estaban bajo la influencia del

demonio. Su religiosidad se plasmó también en impresionantes monumentos: en templos, pirámides, esculturas, relieves y pinturas que representaban a sus dioses, sus rituales y sus escenas mitológicas.

Hoy el yacimiento más importante —y más visitado— el de la ciudad de Teotihuacán que está situada a cuarenta y cinco kilómetros de Ciudad de México y fue declarada Patrimonio de la Humanidad en 1987. Su nombre significa «Ciudad de los dioses» y fueron los propios aztecas quienes la llamaron así cuando la cultura que la edificó ya había desaparecido, lo que significa que la ciudad no perteneció al mundo azteca, sino que es anterior en varios siglos. Durante casi ochocientos años fue el centro cultural, político y religioso de una civilización poderosa que alcanzó su apogeo entre los siglos II y VII d. C.

Esta ciudad aparece vinculada a los orígenes de la civilización mesoamericana y a la leyenda del Quinto Sol y según esta tradición sería allí incluso donde nacieron los dioses y de ahí su nombre. Los orígenes de la ciudad parecen estar también relacionados con los volcanes Xitle y Popocatépetl y con el hecho de que las erupciones de estos y las nubes de ceniza que producían hicieron que los habitantes de las zonas volcánicas se desplazaran al valle de Teotihuacán, que tenía agua y tierras fértiles.

Estos habitantes desarrollaron una importante actividad construyendo la gran pirámide del Sol, la que se encuentra en el norte del valle, después, la pirámide de la Luna, una sucesión de siete edificios, cada uno mayor que el anterior, y, hacia el sur, el gran templo de Quetzalcóatl, el dios que era llamado La Serpiente Emplumada. Conectando el norte y el sur del valle había una calzada ceremonial llamada «de los muertos». Según el Códice Florentino (escrito por el fraile franciscano Bernardino de Sahagún en el siglo XVI, en náhuatl y en castellano) los aztecas, después de una larga peregrinación que finalmente los llevó hasta este lugar, hicieron ofrendas a los dioses y construyeron pirámides sobre las tumbas de sus gobernadores.

En 1971 los arqueólogos descubrieron la entrada de una cueva bajo la pirámide del Sol y encontraron evidencia de que la cueva había sido usada desde mucho antes de la presencia azteca en la zona. En cualquier caso, se ha demostrado que los aztecas consideraban la ciudad como sagrada y fue objeto de peregrinaciones y culto y en ella se han encontrado numerosas muestras de representaciones de divinidades y escenas relacionadas con rituales religiosos. En definitiva, la influencia cultural, religiosa e ideológica de Teotihuacán tuvo que ser extraordinaria, aunque se desconocen muchos aspectos sobre esta ciudad: a qué grupo étnico pertenecían los que fueron sus primeros habitantes o si estos tuvieron algún control sobre otros territorios y no está claro si en algún momento de su historia fue el centro de un estado o imperio.

2. Otros aspectos culturales
(por Mercedes Aguirre)

Los sacrificios humanos

Entre las más conocidas prácticas religiosas de la Mesoamérica antigua está el sacrificio humano, del que poseemos evidencias arqueológicas y no solamente legendarias. A pesar de que hoy nos resulte extraño y terrorífico, para ellos el sacrificio era una forma fundamental de mantener la armonía y el equilibrio del mundo, asegurar la supervivencia del sol y con ello la vida misma. Los aztecas lo veían también como una retribución relacionada con ciertos mitos, como el robo de los huesos humanos del inframundo por el dios Quetzalcóatl, pues los ritos religiosos tendían a imitar ciertos hechos mitológicos. Normalmente el sacrificio iba acompañado de la decapitación y la extracción del corazón. Estos se realizaban en los templos y, supuestamente, la sangre y los corazones humanos debían nutrir al dios y eran, por lo tanto, ofrendas a los dioses.

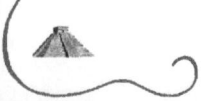

El sacrificio era el recurso humano para salvar al universo de su destrucción, asegurando la supervivencia del sol. Los aztecas pensaban que el sol corría el riesgo de extinguirse para siempre y la tierra de ser dominada por los seres de la noche. Por eso un enemigo debía ser sacrificado para hacer brotar el fuego nuevo que volvería a iluminar el sol y, después, de forma periódica la sangre y los corazones humanos deberían nutrirlo durante los siguientes años. Esta práctica era, por otro lado, una estrategia de dominio sobre las clases inferiores que garantizaba los privilegios de las clases superiores.

Bernardino de Sahagún, el fraile franciscano que escribió varias obras que reconstruyen la vida en México antes de la llegada de los españoles, nos cuenta que los sacrificadores se extraían sangre ellos mismos durante los días anteriores al rito y que las personas condenadas a morir y sus sacrificadores pasaban la noche en vela juntos hasta que al amanecer la víctima era llevada al templo. Una vez allí le retiraban parte de su vestimenta para descubrirle el pecho, luego los sacerdotes subían a la pirámide donde se le colocaba de espaldas sobre la piedra del sacrificio y se le sujetaba hasta que el sacerdote principal le extirpaba el corazón.

Los enemigos y los prisioneros capturados en la guerra eran sacrificados. De manera que ahí se puede ver la idea de la muerte sacrificial como castigo y como expiación. Está atestiguado que el propio Moctezuma le dijo a Hernán Cortés que no veía ninguna razón para no inmolar y ofrecer a los dioses a hombres que por sus acciones y como prisioneros de guerra estuvieran ya condenados a muerte. Para un guerrero la muerte en el campo de batalla o en la piedra del sacrificio era al mismo tiempo gloriosa y desafortunada. Otra categoría de víctimas eran los esclavos y para ellos el sacrificio era también una desgracia y una expiación. La categoría más limitada era la de los criminales y malhechores que habían sido sentenciados a muerte. El sacrificio era en las prácticas aztecas, por lo tanto, un castigo, pero también una expiación porque abría el camino para un destino mejor

y esto explica por qué era aceptado por muchos guerreros, incluso voluntariamente.

El juego de pelota

Por todo el México prehispánico y América central durante alrededor de tres milenios se practicaron juegos en los que se utilizaba una pelota de un material sólido, el caucho o látex, extraído del árbol del hule (por eso se asocia su origen con lugares en donde crecía este árbol). Estos juegos se llevaban a cabo en un campo o cancha especial construida para ese propósito que estaba formada por dos estructuras paralelas, en algunos casos con zonas claramente definidas que daban a toda la estructura la forma de la letra i mayúscula. No se conocen las reglas de estos juegos, aunque parece que se jugaba entre dos equipos compuestos de dos o tres miembros cada uno. En la versión más difundida y más atestiguada en pinturas y códices los jugadores golpeaban la pelota con la cadera, aunque también con los codos o las rodillas (no se podía usar las manos) para hacer pasar la pelota de un lado a otro. Existían uno aros de piedra construidos en los lados de la cancha y el juego consistía en meter la pelota en el aro o, simplemente, conseguir que la pelota tocara el aro. Había otros juegos en los que se utilizaban instrumentos parecidos a los palos de hockey o, incluso, como raquetas. El campo más antiguo que se ha descubierto ha sido datado por los

arqueólogos en el 1400 a.C. aunque no se sabe exactamente cuándo el juego se originó, se asocia a la civilización olmeca temprana.

Era un deporte que tenía connotaciones bélicas y religiosas y que se practicaba en la vida cotidiana tanto como en celebraciones religiosas y se consideraba que el ganador estaba protegido por los dioses. Muchos pueblos de Centroamérica veían el juego de pelota como una metáfora de los movimientos de los astros en el cielo, identificando la pelota con el sol viajando por el firmamento y hasta el mundo subterráneo. Por ese motivo en algunos casos se entendía que si la pelota llegaba a caer al suelo era una mala señal. Además, generalmente, las canchas se construían a un nivel algo inferior que las ciudades, como una representación del inframundo, contando incluso en los campos mayascon un símbolo que representaba la entrada al mundo subterráneo. De manera que no se trataba solo de un juego ya que tenía connotaciones rituales que, por otro lado, aparecen en algunos relatos mitológicos y relacionados con algunos dioses como parte de algunas historias míticas, como, por ejemplo, en el relato maya de los Héroes Gemelos que bajaron al mundo subterráneo de los muertos a jugar a la pelota con los dioses. Asimismo, el juego de pelota podía tener un carácter bélico y ser una recreación de la guerra, por lo que los bandos que jugaban eran bandos enemigos y los vencidos eran decapitados.

En la época de la conquista había jugadores profesionales y se hacían apuestas durante lo que eran duras competiciones, aunque también se jugaba de manera informal, como pura diversión y podían participar los niños y las mujeres, tal y como está documentado en el yacimiento maya de Yaxchilán.

Se conservan algunos objetos relacionados con estos juegos, sobre todo procedentes de la costa del Golfo de México y la costa del Pacífico de Guatemala. Esculpidos en piedra, pueden haber sido hechos como trofeos conmemorativos para jugadores vencedores o para ocasiones ceremoniales. También estos objetos de piedra po-

drían ser ofrendas funerarias que permitían al muerto enfrentarse a los dioses del inframundo.

El cacao y el chocolate

Según la mitología mexicana, fue el mismísimo dios Quetzalcóatl el que regaló a los hombres el árbol del cacao. Efectivamente, el cacao fue uno de los productos más importantes de Mesoamérica, que fue cultivado durante milenios y fue usado incluso como moneda de cambio además de como bebida. La palabra chocolate parece tener un origen en la lengua náhuatl y su uso se remonta a la civilización olmeca, pasando después por mayas y aztecas quienes hicieron la bebida —que tomaban fría— a partir de las semillas del cacao, mezclándolas con agua y a veces con otras hierbas. Se han encontrado recipientes usados específicamente para beber chocolate. A través de los conquistadores españoles este producto pasó a Europa y con el paso del tiempo se convirtió en la bebida y el producto —cuando se produjo el chocolate sólido, ya en el siglo XIX— tan deseado y utilizado hoy.

Entre los pueblos de Mesoamérica, poseer cacao era símbolo de prosperidad. Está bien documentado que los que tenían grandes riquezas, los gobernantes y los grandes guerreros tenían por costumbre beber chocolate, los guerreros en especial antes de una batalla, porque les hacía más fuertes y con más energía. Alguna crónica afirma que Moctezuma bebía alrededor de cincuenta tazas al día. Bernardino de Sahagún recogió la idea de que «si el que lo bebía era una persona corriente, era tomado como una mala señal [...] solo los gobernantes, o un gran guerrero lo bebían».

El cacao era considerado como el opuesto cósmico del maíz, ambos con una relación simbólica, uno con la vida el maíz y el otro con la muerte el cacao. Incluso el cacao tenía una presencia en las ceremonias de sacrificios humanos, pues existen testimonios de que los cuchillos

usados en el sacrificio eran lavados en un líquido compuesto de agua y cacao. Por otro lado, los términos «corazón» y «sangre» eran metáforas para el cacao puesto que pensaban que el corazón tenía la misma forma que la semilla del cacao y ambos contenían un fluido que se consideraba divino: la sangre y el chocolate.

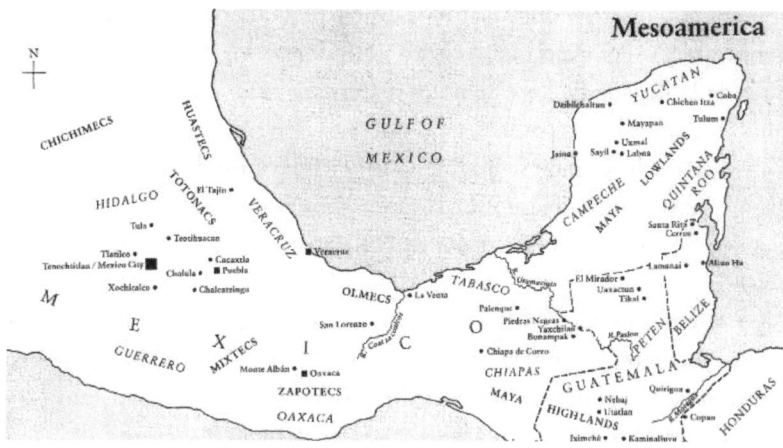

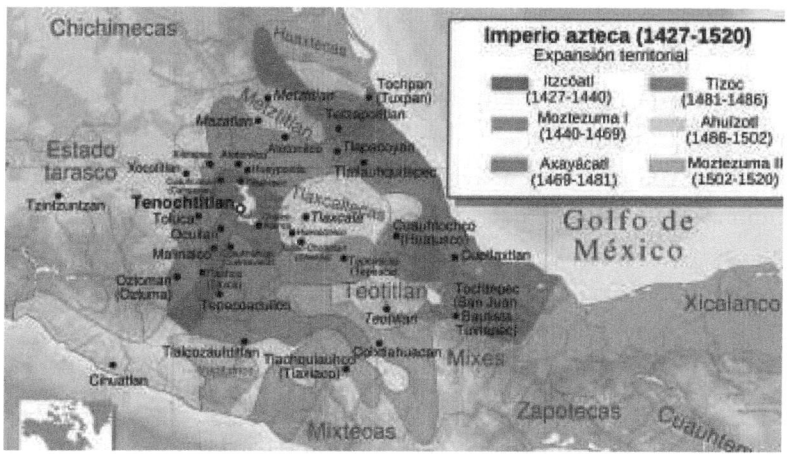

3. Literatura
(por Alicia Esteban)

Muchísimo se ha perdido de la literatura en Mesoamérica. Pero aun así es muy importante y relativamente cuantioso lo conservado. De modo que es imprescindible hablar de los textos literarios prehispánicos en las diversas lenguas de Mesoamérica. Tenemos los testimonios epigráficos, inscripciones (sobre todo en piedra, como las estelas, más perdurables). Pero también existen abundantes en papel, aunque después de la llegada de los españoles se destruyó una gran parte. Muestra fundamental son los códices.

No se sabe cuándo se originó exactamente el uso de la escritura. Pero los más antiguos testimonios mesoamericanos conservados son las inscripciones en piedra en Monte Albán, en Oaxaca, del 600 a.C., sobre las estelas de «Los Danzantes».

Además de la piedra, encontramos otros soportes de la escritura: hueso, madera, cerámica, piel y,en fin, papel. Los códices estaban fabricados de «papel» a base de fibras vegetales, que usaban tanto los mayas como los mexicas o aztecas. Los mayas empleaban tira de papel hecho con corteza de árbol batida a la que aplicaban un recubrimiento de cal para pintar sobre ello los glifos. Los aztecas confeccionaban sus códices con papel de fibras vegetales de la corteza del árbol amate (del género ficus).

En otros aspectos, se utilizaron diversas formas de escritura: pictográfica (con pinturas que representan objetos), mediante glifos (signo mínimo de la escritura, que equivale a una palabra o a una sílaba), ideogramas (representación de una idea o concepto). Parece ser que los mayas aportaron la forma de escritura más perfeccionada, y, aunque no se ha podido descifrar totalmente, se considera que es en parte ideográfica y en parte fonética (señalando sonidos aislados).

También las lenguas son variadas. La más difundida es la lengua náhuatl, la de los nahuas: los aztecas que habitaban la ciudad de Tenoch-

titlan y, además, otros muchos pueblos del imperio. Su poesía era muy relevante.

Respecto a los testimonios conservados de época prehispánica (tanto procedentes de los mayas como de los aztecas o de otros grupos), las fuentes arqueológicas nos proporcionan inscripciones en monumentos diversos (en estelas, elementos arquitectónicos, esculturas) con textos más o menos complejos y de diferentes contenidos. Y, muy en especial, contamos con los códices indígenas. Por otra parte, no se puede descuidar lo que ha pervivido gracias a la tradición oral, pues los textos-conservados en la memoria de las gentes se transmitían de generación en generación. Y fue sobre todo después de la Conquista Española, al introducirse el sistema alfabético latino, cuando se pusieron por escrito.

De los códices prehispánicos no son numerosos los que se conservaron, pero del tiempo posterior proceden nuevos documentos, obra de indígenas o mestizos, escritos en caracteres latinos, y algunos ya en español.

Por último, tenemos los trabajos de los frailes españoles, que aunque peligrosos por otro lado, porque con sus creencias cristianas consideraban demoníaca la religión indígenasupieron aprender y describir fielmente las costumbres y pensamiento de los indios y transmitirlo a la posteridad. Entre estas obras sobresalen las de fray Andrés de Olmos (c. 1490-1571) y, sobre todo, fray Bernardino de Sahagún (1499-1590), que, con la ayuda de alumnos nahuas, escribieron en alfabeto latino el contenido de numerosos códices prehispánicos. Así, de Sahagún es la Historia general de las cosas de la Nueva España, resumen comentado de la inmensa compilación de textos nahuas acerca de los aspectos fundamentales de la cultura de los antiguos mexicanos.

En lo concerniente a los contenidos de los textos, encontramos mitos y leyendas, himnos sagrados, poesía épica, lírica y religiosa, doctrinas acerca de los dioses, motivos rituales; también historia, can-

tos de Guerra. A menudo servían a fines prácticos como el registro de tributos, documentos de carácter legal, o una gran parte en relación con la astronomía y el calendario. O bien narraban diversos sucesos y actividades, hechos históricos, sus creencias y costumbres. Pero otros poseen verdadero valor artístico y poético, con rico lenguaje y relevantes recursos estilísticos: principalmente los escritos de carácter religioso, consistentes muchos en plegarias, oraciones, cantos e himnos dedicados a los dioses, mostrando un profundo espíritu religioso.

Sobre sale en especial el texto maya del *Popol Vuh*, libro sagrado de los indios quiché-maya, de Guatemala. En él el mito cosmogónico aparece de la forma más relevante de entre otras manifestaciones mesoamericanas de mitos sobre el origen, que presentan entre sí aspectos en común y señalan creencias religiosas conectadas.

También destacan los Libros del Chilam Balam, de Yucatán, igualmente de la literatura maya.

Mientras que de la literatura mexica o azteca el principal representante es Nezahualcóyotl (rey poeta, único autor del que conocemos su nombre), con sus poemas, que muestran gran sensibilidad en expresión de su amor por la naturaleza y artístico manejo de figuras literarias. También aparecen referencias históricas y elementos autobiográficos.

4. MITOLOGÍA
(por Alicia Esteban)

MITOS COSMOGÓNICOS

Entre los mitos de Mesoamérica sobresalen los cosmogónicos, los que se refieren al origen del mundo, de los dioses y de los hombres. Y, aunque existen grandes variaciones, según los distintos grupos, hay mucho en común. También en otras civilizaciones son muy importantes los mitos cosmogónicos, y presentan siempre algún paralelismo unos con otros.

Las dos principales versiones son el mito azteca de los cinco soles y el mito maya de la creación del mundo y del hombre.

El mito azteca de los cinco soles

El creador de la vida era Ometeotl, dios dual, que engendró primero a cuatro dioses, representantes de los elementos fuego, agua, viento y tierra. Sintieron la necesidad de crear el mundo, regido por el Sol. Pero uno tras otro cuatro distintos soles, bajo el dominio de un dios diferente, fueron destruidos por diversas catástrofes (diluvios, huracanes, erupciones volcánicas), y con ellos todos los seres y la correspondiente raza humana de su era.

Para crear el quinto sol los dioses comprendieron que tendrían que cambiar el procedimiento. Llegaron a la conclusión de que para asumir la función del Sol era necesario el sacrificio. Por tanto, prendieron una hoguera a la que debía arrojarse un dios inmolándose para crear el nuevo sol. Y así lo hizo finalmente el humilde y feo dios Nanahuatzin, puesto que Tecuciztecatl —un dios bello, rico y altanero— no se había atrevido antes. Pero, ya demasiado tarde, este, avergonzado, también se lanzó al fuego. Sin embargo, no eran posibles dos soles juntos, de modo que Tecuciztecatl fue relegado al otro extremo del cielo y a refugiarse en la noche, convirtiéndose en la Luna. En adelante, para que el Sol y la Luna se movieran y pudiera así continuar la vida, fue necesario el sacrificio constante, la sangre de los dioses y la humana, como precioso líquido regenerador.

El mito maya de la creación del mundo y del hombre
(*del libro* Popol Vuh)

En principio sólo estaba el agua, bajo la que se escondían todas las cosas. Surgieron de ella dos dioses, Tepeu y Gucumatz, los Formadores

y Progenitores, dispuestos a crear el mundo y al hombre. Acudieron a ayudarles una divinidad triple, Caculhá Huracán, Chipi-Caculhá y Raxa-Caculhá, y otros dioses.

Juntos formaron la tierra y también el agua dulce fecundadora para dar vida a los primeros seres: vegetación, árboles, frutos. Y la luz, igualmente necesaria para nutrirlos. Pero no les pareció suficiente, y decidieron crear a los animales, dotándoles de movimiento y habla. Sin embargo, estos, seres irracionales, no podían comprender qué representaban los dioses. Y eso era lo que ellos deseaban realmente: que existiera un ser capaz de alabarlos y rendirles culto continuo a ellos, sus creadores. Así pues, emprendieron la tarea de crear un ser más perfeccionado, racional, el hombre. Aunque tampoco resultaba tan simple, pues pensaban que se necesitaría una materia especial para fabricar ese ser especial. Y con barro-tierra y agua, los dos elementos principales modelaron unos cuantos hombres.

Pero con el agua, con la lluvia, se deshacían. Entonces fabricaron unos nuevos hombres de madera, que se podían mojar, se movían y hablaban. Pero eran muy egoístas y sin inteligencia, casi como animales, y no respetaban a sus creadores. Los dioses los exterminaron, y recurrieron para formar la carne de los hombres definitivos a la misma sustancia en la que consistía su alimento: el maíz.

El mito azteca de la creación por desmembramiento del monstruo de la Tierra

Otro mito del origen del mundo cuenta que los dos dioses principales, los hermanos Quetzalcóatl y Tezcatlipoca, crearon el cielo y la tierra desmembrando a Cipactli (o Tlaltecuhtli, con quien se parece identificar). Este era un gigantesco monstruo femenino cuya forma era en parte reptil, de enorme voracidad, dotado de múltiples bocas con dientes afilados. Para vencerlo vieron que era imprescindible el

sacrificio, y Tezcatlipoca se cortó un pie para atraer al monstruo con el olor de la sangre, mientras Quetzalcóatl lo sujetaba. Tiraron de él hasta romperlo por la mitad: una parte de Cipactli originó la tierra, mientras que la otra constituyó el cielo.

Los dioses principales de Mesoamérica

Un concepto esencial es el de la dualidad: masculino-femenino, luz-oscuridad, noche-día, Sol-Luna, vida-muerte, armonía-caos, humedad-sequedad... Opuestos que necesitaban complementarse y mantenerse en equilibrio para el orden del mundo. También se observa en el tema de los dioses hermanos gemelos.

Por ello, un primer ser divino que se creó a sí mismo y que contenía todo, llamado Ometeotl, era un «Dios Dual», que incluía en sí el elemento femenino y el masculino, así como todos los contrarios en igual proporción. Eran Ometecuhtli (lado masculino) y Ometecihuatl (lado femenino): «Señor y Señora de la dualidad», llamados también Tonacatecuhtli y Tonacacihuatl, «Señor y Señora de nuestra carne», como nutridores de la humanidad.

Este engendró cuatro hijos: **Tezcatlipoca** o «Espejo humeante» (violento, representaba aspectos negativos), **Quetzalcóatl** o «Serpiente emplumada» (benéfico y civilizador, descubridor del maíz), **Xipetótec** o el «Desollado» (sin piel, en representación de la superficie de la tierra que tiene cíclicamente que renovarse) y Huitzilopochli o «Colibrí zurdo» (guerrero en lucha constante).

Otra historia digna de mencionar la protagoniza este último, **Huitzilopochli**, el dios más poderoso de los aztecas, junto con Quetzalcóatl. Fue concebido por la diosa **Coatlicue**, y, ya antes de que naciera, los numerosos hijos de esta intentaron eliminar a su hermano. Pero Huitzilopochli logró nacer, ya crecido y con gran fuerza y, sirviéndose de una serpiente de fuego como arma, peleó contra su hermana **Coyolxauhqui** y sus otros 400 hermanos. A Coyolxauhqui

la decapitó y desmembró, y después la convirtió en la luna, y a sus otros 400 hermanos, en las estrellas. Él se hizo regidor del sol. De modo que, en constante batalla por la luz contra la noche, cada día Huitzipochtli, el sol, debía resurgir y vencer a Coyolxauhqui, la luna.

Destacan además otros dioses entre los aztecas:

Tláloc, dios del agua, de la lluvia, fecundador de la tierra. Pero era también dios del rayo, en su lado negativo, capaz de destruir las cosechas.

Chalchiuhtlicue, (La de la falda de jade), era hermana o esposa de Tláloc. Era diosa del agua, de los ríos y corrientes de agua dulce.

Tonatiuh, era el dios del Quinto Sol, el definitivo en la era de los aztecas.

Centéotl, era dios del maíz.

Chantico, diosa del matrimonio, del fuego del hogar y protectora de los trabajadores del metal.

Xochiquétzal, diosa de la fertilidad, de la belleza y del placer, y, además, patrona de los tejedores.

Xochipilli, hermano o contrapartida masculina de Xochiquétzal, dios del placer y el amor.

Por otro lado, los dioses del inframundo son **Mictlantecuhtli** y su esposa **Mictecacíhuatl** (de nuevo una dualidad: «Señor y Señora del inframundo»), que gobernaban el Mictlán. Aquí se hallaba el más profundo de los niveles inferiores en que se divide el universo, distribuido en tres partes: la tierra central, y encima, el cielo, formado de 13 escalas ascendentes, y debajo, el inframundo, dividido a su vez en 9 niveles.

Otros dioses y espíritus tienen relación con el mundo subterráneo:

Camazotz, dios-murciélago; **Aluxes** y **Chaneques**, espíritus del inframundo. Y **Xquic** es una diosa maya del mundo subterráneo.

Respecto a los nombres de los dioses, existen grandes variaciones, según las culturas, e incluso dentro del mismo grupo se le da a veces a un determinado dios denominaciones diversas. Por ejemplo, **Kukulkan**,

o **Gucumatz**, «el hombre pájaro serpiente», es el equivalente maya del dios nahua (azteca) **Quetzalcóatl**, llamado también **Ehécatl** en otra de sus advocaciones o manifestaciones, como dios del viento. Y **Chaac**, dios del agua maya, se corresponde con **Tlaloc** azteca.

Otros dioses mayas importantes son:

Hunab Ku, dios creador.

Itzamná, hijo de Hunab Ku, es dios del cielo y de la sabiduría.

Ix Chel, esposa de Itzamná, es diosa del amor y de la fertilidad, y diosa de la luna.

Ah Puch, es el dios de Xibalbá, el inframundo, como dios de la muerte.

Buluc Chabtan, es dios de la guerra.

Kauil, dios del fuego.

Yum Kaax es el dios del maíz entre los mayas.

Ek Chuah es el dios del cacao.

En fin, sólo hemos querido dar una idea de los mitos más sobresalientes de Mesoamérica. Algunos —como dijimos de los cosmogónicos—presentan rasgos en común con los de otras civilizaciones. Pero otros son peculiares. Característico de muchos de ellos es la enorme admiración por la naturaleza que reflejan, más que en otras culturas, la fusión de dios u hombre y naturaleza; la explicación del origen de determinadas plantas útiles para la vida; el extremo interés por esclarecer el nacimiento y desarrollo del sol en especial; también por mostrar la aparición y evolución del hombre. Característico, en particular, el plasmar reiteradamente con diferentes imágenesla lucha y equilibrio resultante entre las fuerzas del día y de la noche en el continuo acontecer cósmico.

PERSONAJES MITOLÓGICOS

Aluxes. Seres del inframundo, especie de duendes de pequeño tamaño. Se decía que eran los espíritus de los antepasados que al surgir sobre la tierra habían adoptado esa extraña forma. Su carácter era variable, a veces eran juguetones, simpáticos y alegres, pero al mismo tiempo poseían un lado malévolo, peligroso e impredecible que recordaba su relación con las poderosas fuerzas de la naturaleza y con el mundo de los muertos.

Camazotz. Dios del relato maya de los Héroes Gemelos. Tenía el cuerpo humano, pero su cabeza era la de un murciélago. Vivía en las cuevas y el mundo subterráneo, el mundo de los muertos, solo de noche, porque de día se transformaba en una estatua de piedra. Así representaba todo lo temible, pero a la vez parte de la existencia humana y divina: la noche, la muerte y el sacrificio. Tuvo culto entre las culturas maya, zapoteca y mexica. Hay quienes piensan que su imagen inspiró la imagen típica actual de Batman.

Cihuacóatl. En la mitología azteca era una diosa relacionada con la maternidad, pues se consideraba que había sido la primera en parir y era la protectora de las mujeres que morían al dar a luz, las Cihuateteo. Se la llamaba la «diosa-serpiente» y se la consideraba también una diosa guerrera. Ella fue la que ayudó a Quetzalcóatl cuando regresó a la tierra con los huesos de los humanos que había conseguido en el mundo de los muertos, moliendo estos huesos para fabricar una nueva humanidad.

Cihuateteo. Nombre dado a las mujeres que morían al dar a luz y que se convertían en fantasmas que regresaban a la tierra.

Chane. Dios del agua y del mundo subterráneo que presidía a los Chaneques, personajes parecidos a los Aluxes, que eran como duendecillos traviesos que asustaban a la gente y podían incluso hacer que se perdieran en las selvas o bosques en los que habitaban. Corazón del cielo-Corazón de la tierra. Suprema divinidad, que en sí contenía tres dioses (Caculhá Huracán, Chipi-Caculhá y Raxa-Caculhá). Colaboró con otros dioses en la creación del mundo según la mitología maya, como explica el Popol Vuh, libro sagrado de los indios quiché-maya, de Guatemala.

Chalchiuhtlicue. «La de la falda de jade», diosa azteca del agua, de los lagos, los ríos, los manantiales, los mares y océanos. Era la divinidad femenina que constituía una dualidad con Tláloc. En el mito azteca de los cinco soles ella fue Sol —cuarto sol durante 312 ciclos—, y el cielo que sostenía era todo de agua.

Donají. Personaje de una leyenda de Oaxaca. Princesa de los zapotecos que se enamoró de un prisionero enemigo, Nucano, y, a causa de esto, fue sacrificada por los enemigos de su pueblo, los mixtecos. Fue convertida tras morir en un lirio, la flor emblemática de los zapotecos.

Ehécatl. Dios del viento azteca, es una de las advocaciones o manifestaciones del gran Quetzalcóatl o serpiente emplumada.

Gucumatz. Es uno de los Formadores y Progenitores. Colaboró con otros dioses en la creación del mundo según la mitología maya, como explica el Popol Vuh.

Huitzilopochli. El «Colibrí zurdo», es uno de los cuatro Tezcatlipoca, hijos de Ometeotl. Estos hijos representaban las fuerzas cósmicas: el fuego, el agua, el viento y la tierra, asociados a los puntos cardinales y a los colores. Éste se asocia al sur y al color azul. Es descarnado en la mitad de su cuerpo, y su atribución esencial era la

de guerrero sanguinario. Es uno de los dioses más poderosos de los aztecas.

Hul-Kin. Personaje de una leyenda maya. Hijo del cacique de la población, se enamoró de Zac-Nicté, nieta de una poderosa hechicera. Las familias eran enemigas y los separaron. Ambos, al fin, se arrojaron al cenote Zaci, que estaba en su entorno.

Hunapu e Itxbalanque. Personajes muy importantes cuya historia se cuenta en el relato maya Popol Vuh. Eran dos hermanos gemelos hijos de Hun Hunapu (quien era a su vez también gemelo de Vucub Hunahpu) y la diosa Ixquic. Según el relato maya, después de una serie de aventuras, bajaron al Xibalbá o reino de los muertos y allí fueron retados por sus gobernantes a un juego de pelota en el consiguieron salir vencedores.

Ixquic. Diosa maya del mundo subterráneo, hija de uno de los señores de Xibalbá y madre de los Héroes Gemelos.

Iztaccihuatl. Personaje de una leyenda de los mexicas: era una princesa que se enamoró del guerrero Popocatepetl. Sin embargo, el padre de ella se oponía a la boda y envió al joven a la guerra. Pasado el tiempo y creyéndole muerto, Iztaccihuatl se suicidó y cuando él regresó victorioso, al encontrarse con su amada muerta, también se quitó la vida. Pero finalmente ambos fueron convertidos en dos volcanes, uno al lado del otro, para estar eternamente juntos.

Kinich. Personaje de una leyenda maya. Él era noble y generoso, mientras que su hermano mayor, Tizic, era cruel y soberbio. Enamorados de la misma muchacha, Nicté-Ha, lucharon y se mataron uno al otro. Los dioses los transformaron en sendos árboles que se elevaban próximos entre sí, con propiedades contrarias: mientras que Tizic tomó la forma del Chechén, un árbol venenoso, Kinich creció como el árbol Chacá, cuya savia cura las dolencias que provoca el Chechén.

Mayáhuel. Personaje de uno de nuestros relatos de origen azteca (según una de las versiones): el dios del viento Ehécatl se

enamoró de ella, y se unieron de tal manera que quedaronentrelazados, como dos árboles en uno. Para inmortalizar el resto humano de la joven, Ehécatl enterró sus huesos y sopló. Al poco tiempo surgió un brote verde, que era la planta del maguey, de grandes propiedades. Según otras versiones tiene origen divino, y es la diosa azteca del maguey y de la embriaguez, y está relacionada con la fertilidad.

Mictlán. Para los aztecas el Mictlán era el lugar al que iban la mayoría de los humanos fallecidos de muerte natural. Su nombre significaba en náhuatl «Lugar de los muertos». Los que morían tenían que atravesar primero nueve niveles como pruebas –todas ellas difícilesantes de llegar al lugar definitivo destinado a las almas de los muertos y tenían que ser guiados por un perro de color pardo. El culto al Mictlán y a los muertos eran aspectos importantes de las culturas mexicas. Se cree que la famosísima celebración mexicana actual del Día de los Muertos procede de estas antiguas creencias que reflejan la forma en la que los mexicanos se relacionaron con la muerte.

Mictlantecutli. Era el rey de los muertos para los aztecas, mexicas y zapotecas. Su nombre significaba precisamente

«Señor del Mictlán o lugar de los muertos». Era normalmente representado como un esqueleto o con una máscara de calavera, vestido con ropas de papel y adornado con joyas. En su cabeza llevaba un gorro cónico sobre su cabello negro y rizado. Su trono estaba hecho de obsidiana, y solían acompañarle un murciélago, un búho y una araña.

Mictecacihuatl. Reina del inframundo, el mundo de los muertos, donde gobierna junto a su esposo Mictlantecutli. Su nombre significa precisamente «Señora de las personas muertas».

Nanahuatzin. Dios que se convierte en el quinto Sol en el mito azteca de los cinco soles. Era pobre, feo, lleno de llagas, humilde y acomplejado, en oposición al bello Tecuciztecatl. Pero él sí se

atrevió a afrontar el sacrificio requerido y se lanzó a la hoguera, de donde salió bello y esplendoroso, transformado en el Sol.

Nicté-Ha. Personaje de una leyenda maya. Era una bella muchacha de la que se enamoraron dos hermanos, Tizic y Kinich, guapos y fuertes ambos, pero de carácter opuesto. Los hermanos lucharon por conseguirla y se mataron uno al otro. Nicté-Ha, acurrucada a su lado, se dejó morir de pena. Los dioses la convirtieron en una flor blanca y pura, y a ellos, los transformaron en sendos árboles con propiedades contrarias.

Nucano. Personaje de una leyenda de Oaxaca. Prisionero de los zapotecos, se enamoró de él la princesa Donají, hija del rey zapoteco, que, a causa de esto, fue sacrificada por los enemigos de su pueblo, los mixtecos. Fue convertida tras morir en un lirio, la flor emblemática de los zapotecos. Ometeotl.La divinidad única, dual y múltiple, en la mitología azteca. Ese ser divino se creó a sí mismo, se bastaba a sí mismo y contenía todo, dotando de vida. Se llamaba Ometeotl, «Dios Dual», porque englobaba en su ser todos los contrarios en igual proporción, así como el elemento femenino y el masculino. Eran Ometecuhtli (lado masculino) y Ometecihuatl (lado femenino): «Señor y Señora de la dualidad». Engendró cuatro hijos en primer lugar: los Tezcatlipoca. Estos representaban las fuerzas cósmicas: el fuego, el agua, el viento y la tierra, y también se asociaban a los puntos cardinales y a los colores.

Popocatepetl. Personaje de una leyenda de los mexicas. Guerrero de los mexicas del que se enamoró la princesa Iztaccihuatl. Sin embargo, el padre de ella se oponía a la boda y envió a Popocatepetl a la guerra exigiéndole que no solo tenía que conseguir la victoria, sino también traer sobre su lanza la cabeza de uno de sus enemigos. Pasado el tiempo y creyéndole muerto Iztaccihuatl se suicidó y cuando él regresa victorioso, al encontrarse con su amada muerta, también se quitó la vida,pero finalmente ambos fueron convertidos en dos volcanes, uno al lado del otro, para estar eternamente juntos.

Quetzalcóatl. «Serpiente emplumada», es uno de los cuatro Tezcatlipoca, hijos de Ometeotl. Este se asocia al punto cardinal del oeste y al color blanco. Es un dios benéfico y civilizador, al que deben los hombres—entre otras cosasla enseñanza de la agricultura, de las artes y de las ciencias, y es el descubridor del maíz. Protagoniza numerosos y muy importantes relatos, muchos en oposición a su hermano Tezcatlipoca, su gran rival. Pero juntos crearon el cielo y la tierra desmembrando a Cipactli, un gigantesco y voraz monstruo femenino. También bajó al Mictlán o mundo de los muertos para llevarse los huesos de los hombres del pasado con objeto de crear una nueva humanidad y tuvo que enfrentarse a Mictlantecuhtli, aunque finalmente salió vencedor y consiguió su propósito.

Tecuciztecatl. Dios que intentó convertirse en el quinto Sol en el mito azteca de los cinco soles. Era bello y rico, pero vanidoso. Se ofreció él en primer lugar al sacrificio y a lanzarse a la hoguera, pero no se atrevió, mientras que el feo dios Nanahuatzin sí lo hizo, y salió de la hoguera transformado en el Sol. Tecuciztecatl, entonces, se arrojó al fin a las llamas. Pero como no podían existir dos soles, fue relegado al otro extremo del cielo y a refugiarse en la noche, convertido en la Luna. Teniztli.Personaje de una leyenda azteca. Rey de una población totonaca, era el padre de Tzacopontziza, a la consagró al culto de la diosa Tonacayohua. Tepeu.Es uno de los Formadores y Progenitores. Colaboró con otros dioses en la creación del mundo según la mitología maya, como explica el Popol Vuh.

Tezcatlipoca. «Espejo humeante», es uno de los cuatro Tezcatlipoca, hijos de Ometeotl. Este se asocia al norte y al color negro. Es una de las divinidades principales, muy a menudo en oposición a Quetzalcóatl. Representaba fundamentalmente aspectos negativos: muerte, oscuridad, noche, violencia.

Tizic. Personaje de una leyenda maya. Como su hermano Kinich, se enamoró de Nicté-Ha. Ver en Kinich y en Nicté-Ha.

Tlanchana. Criatura mitológica con forma de mujer y cola de serpiente (a modo semejante de una sirena) que vivía en un islote en medio de unas lagunas del valle de Matlazinca. Poseía poderes mágicos, pero también era peligrosa, seductora y vengativa.

Tlátoc. Dios de la lluvia, era hermano o esposo de Chalchiuhtlicue («La de la falda de jade así»,). En el mito azteca de los cinco soles, fue instaurado como Sol-tercer soly su dominio duró 364 ciclos.

Tonacayohua. Diosa que se ocupaba de las cosechas y de proporcionar los alimentos. Tenía a su servicio desde niñas a unas cuantas jóvenes que hacían votos de castidad.

Tzacopontziza. «Estrella de la Mañana», personaje de una leyenda azteca, totonaca. Era hija del rey Teniztli, que la consagró al culto de la diosa Tonacayohua. Allí vivía recluida, pero conoció al joven Zkatan-Oxga. Se enamoraron y huyeron juntos; pero los persiguieron los sacerdotes del templo, que los degollaron y arrancaron sus corazones. En el lugar creció un elevado árbol y una orquídea trepadora que se enlazaba a él, en la que brotaron frutos nuevos, con la flor de la vainilla.

Vucub Caquix. Era un pájaro gigantesco al que derrotaron los Héroes Gemelos, Hunahpu e Itxbalanque. Se escondieron bajo un árbol y, empuñando sus armas, aguardaron a que el pájaro se acercara volando y entonces dispararon contra él acertándole en la cara. Sin embargo, Vucub Caquix, aún vivo y furioso, arrancó el brazo de Hunahpu. Los dos hermanos buscaron a alguien que tuviera poderes para curar y le pidieron que se ofreciera a devolverle al monstruoso pájaro los ojos y los dientes que habían sido destruidos por el disparo. A cambio Vucub Caquix le devolvería el brazo a Huhnapu. Este consiguió que le repusieran el brazo y el monstruo, reemplazados sus ojos y sus dientes por granos de maíz, perdió su fuerza y su poder y finalmente murió.

Xibalbá. Para los mayas era el mundo de los muertos, cuyo nombre significaba «Lugar del miedo», descrito en el Popol Vuh como un lugar bajo la superficie de la tierra y con doce poderosos gobernantes conocidos como los Señores de Xibalbá. A ellos se enfrentaron los Héroes Gemelos en un juego de pelota organizado en el inframundo con la intención de destruirlos, pero finamente los Héroes Gemelos consiguieron vencerlos gracias a una serie de ingeniosos trucos.

Xipetótec. El «Desollado», es uno de los cuatro Tezcatlipoca, hijos de Ometeotl. Se asocia al este y al color rojo. Nació sin piel, en representación del manto de la tierra que tiene cíclicamente que renovarse.

Xiuhtecuhtli. Dios del fuego. En el mito azteca de los cinco soles, al final del dominio del tercer Sol arrojó una potente lluvia de fuego. Además, abrió la tierra para que brotaran desde lo más profundo las hogueras escondidas. Y así se crearon los volcanes.

Zac-Nicté. Personaje de una leyenda maya. Era nieta de una poderosa hechicera y se enamoró de Hul-Kin, hijo del cacique de la población. Las familias eran enemigas y los separaron. Ambos, al fin, se arrojaron al cenote Zaci, que estaba en su entorno.

Zkatan-Oxga. «Joven Venado», personaje de una leyenda azteca, totonaca. Se enamoró de Tzacopontziza. Ver en Tzacopontziza.

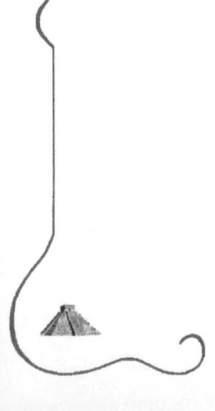

IMÁGENES DE MESOAMÉRICA PREHISPÁNICA

I EDIFICACIONES

Teotihuacan ("lugar donde los hombres se convierten en dioses"): la Avenida de los Muertos y la Pirámide del Sol. Teotihuacan es el mayor complejo arqueológico de Mesoamérica construido durante el período clásico (c . 200/250-600/650 d. C.), sobre las ruinas del asentamiento de una civilización anterior. Se encuentra a unos 42 km al noreste de la Ciudad de México.

El templo de Kukulkán (o «El Castillo») se encuentra en la península de Yucatán, México. Se construyó en el siglo XII d. C. por los mayas en la ciudad de Chichén Itzá, fundada en el siglo VI d. Cuenta con nueve niveles y cuatro fachadas, cada una con una escalinata central (son 365 peldaños en total, que representan el número de días del calendario solar). Hay un templete en la plataforma superior.

Panorámica de la Cancha de juego de pelota de Chichen Itza, Quintana Roo, México.

Anillo labrado en piedra, marcador del juego de pelota Esta cancha es la mayor de Mesoamérica: 120m. por 30 aproximadamente. Está formada por dos elevados muros en cuyo centro se encuentran empotrados dos anillos de piedra, conocidos como marcadores del juego de pelota. El gran Juego de Pelota descansa sobre una plataforma donde se encuentra también la Pirámide de Kukulkán y otras estructuras.

II   Relieves y esculturas

El Calendario azteca o Piedra del Sol. Datado entre1502 y 1520. México, Museo Nacional de Antropología. Es un monolito con relieve labrado en un bloque de basalto (piedra volcánica). Tiene un diámetro de 3.60 m. y un peso de 24 toneladas.

Una de las cabezas olmecas de piedra colosales. Data del 1200 al 900 a.C. Tiene 2.9 m. de alto y 2.1 m. de ancho. Museo de Antropología de Xalapa, Veracruz, México.

Mictlantecuhtli ("Señor del Mictlán") es el dios del inframundo y de los muertos entre los aztecas. Datada entre 1350 y 1521. Figura sentada hecha en piedra de arena en la que el dios lleva una máscara de esqueleto. Londres, Museo Británico.

Ah Puch, dios de la muerte en las creencias mayas. Es una estatua columna de piedra calcárea, maya prehispánica, de la península de Yucatán, México. Fechada en 800-1000. París, Museo del Muelle Branly-Jacques Chirac.

Los héroes gemelos mayas Hunahpu y Xbalanque, que son personajes centrales del *Popol Vuh* (documento quiché colonial) y protagonizan el mito maya más antiguo conservado completamente. Los gemelos suelen representarse como fuerzas complementarias, así como la dualidad entre masculino y femenino. Lado izquierdo del altar 5 de La Venta (Parque Museo), Tabasco.

III   Los dioses en los códices precolombinos

Quetzalcoatl y Tezcatlipoca en el Códice Borbónico. Son los dos dioses principales aztecas, hermanos siempre rivales. El Códice Borbónico fue escrito en el s. XV, pocos años antes de la conquista española del imperio azteca. Actualmente se encuentra en la Biblioteca de la Asamblea Nacional Francesa de París.

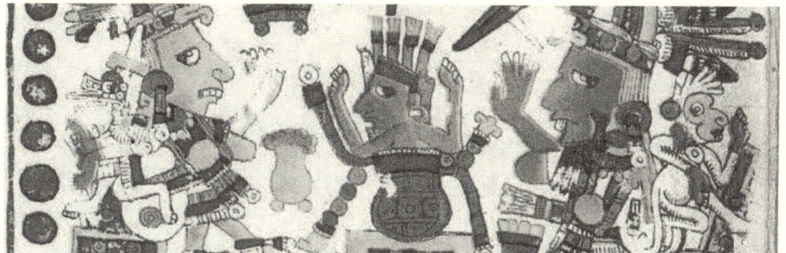

Ometecuhtli y Omecihuatl en el Códice Borgia. Son los dioses creadores, "Señor y Señora de la dualidad".

Tláloc, dios del agua, de la lluvia, y también del rayo, en el Códice Borgia.

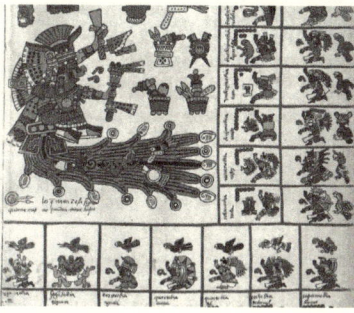

Chalchiuhtlicue («la de la falda de jade») en el Códice Borbónico (pág. 5). Ella es la diosa de los lagos y las corrientes de agua, esposa de Tláloc, dios de las lluvias.

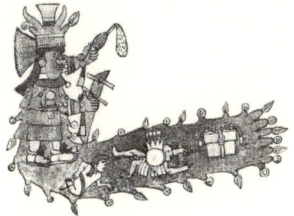

Chalchiuhtlicue en el Códice Ríos. Chalciutlicue es mostrada con instrumentos de hilado y tejido. Las figuras nadando en el río que emana de su vestido azul podrían interpretarse como sus hijos o como hombres llevados hacia la muerte. El Códice Ríos, también llamado Códice Vaticano A, parece ser una traducción al italiano de un manuscrito mexicano de la colonia española atribuido al monje dominico español Pedro de los Ríos.

Xochiquetzal, diosa de la belleza, del amor y de la fertilidad, en el Códice Río.

Centeōtl, dios azteca del maíz, en el Códice Río.

Chantico, diosa del matrimonio, en el Códice Ríos.

SELECCIÓN BIBLIOGRÁFICA SOBRE MITOS Y CULTURA MESOAMERICANA

ALCINA FRANCH, José, *Mitos y literatura azteca,* Madrid, Alianza, 2008.

DE LA GARZA, Mercedes / León Portilla, Miguel / Recinos, Adrián, *Literatura maya,* Biblioteca Ayacucho, 1980.

——, *El legado escrito de los mayas,* México, Fondo de Cultura Económica, 2015.

GARIBAY, Ángel M, *Teogonía e historia de los mexicanos,* México, Porrúa, 1979.

——, *La literatura de los aztecas. México,* Joaquín Mortiz, 1979.

GONZÁLEZ TORRES, Yolotl, *Diccionario de mitología y religión de Mesoamérica,* Larousse, 2002 (9.ª ed.).

LEÓN PORTILLA, Miguel, *Cantos y crónicas del México antiguo,* Madrid, Historia 16, 1986 *(online).*

——, *Literaturas indígenas de México,* Mafre, Madrid, 1992.

KRICKBERG, Walter, *Mitos y Leyendas de los aztecas, incas, mayas y muiscas,* México, Fondo de Cultura Económica, 2016.

LONGHENA, María, *México antiguo. Pueblos precolombinos,* Barcelona, Óptima, 2001.

RAMÍREZ CASTAÑEDA, Elisa, *Mitos y cuentos indígenas de México I,* Fondo de Cultura Económica *(e-book).*

MASERA, Mariana y FLORES, Enrique, *Ensayos sobre literaturas y culturas de la Nueva España,* México, Instituto de Investigaciones Filológicas (UNAM), 2009.

MATOS MOCTEZUMA, Eduardo, *Dioses del México antiguo,* México, Antiguo Colegio de San Ildefonso, 1995 *(online).*

PORRO GUTIÉRREZ, Jesús M., *El simbolismo de los aztecas, su visión cosmogónica y pensamiento religioso,* Valladolid, Server-Cuesta, 1996.

RECINOS, ADRIÁN, *Popol Vuh: las antiguas historias del Quiché,* México, Fondo de Cultura Económica, 1984.

SHARER, Robert J., *La civilización maya,* Fondo de Cultura Económica, 1998.

SOUSTELLE, Jacques, *El universo de los Aztecas,* México, Fondo de Cultura Económica, 1996 *(online).*

———, *La vida cotidiana de los aztecas en vísperas de la conquista,* México, Fondo de Cultura Económica, 1994.

TAUBE, Karl, *Mitos aztecas y mayas,* Madrid, Akal, 2004.

THOMPSON, John Eric S. *Historia y religión de los mayas*, México, Siglo XXI Editores, 1997 (10.ª ed. en español).

TREJO SILVA, Marcia y GÓMEZ MIGUEL, Raúl, *La Llorona, nuestra otra madre,* Ciudad de México, Trillas, 2013.

VALOTTA, Mario A (ed.), *Mitos y leyendas toltecas y aztecas*, Madrid, Zero 1985.

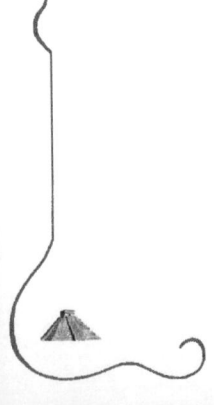